APRENDIZAGEM BASEADA EM **PROJETOS**

Planejamento e Aplicação

Freitas Bastos Editora

Copyright © 2022 by Danielle Toledo Pereira e
Rafaela Magalhães França Beschizza

Todos os direitos reservados e protegidos pela Lei 9.610, de 19.2.1998.
É proibida a reprodução total ou parcial, por quaisquer meios, bem como a produção de apostilas, sem autorização prévia, por escrito, da Editora.

Direitos exclusivos da edição e distribuição em língua portuguesa:
Maria Augusta Delgado Livraria, Distribuidora e Editora

Editor: Isaac D. Abulafia
Diagramação e Capa: Madalena Araújo

Dados Internacionais de Catalogação na Publicação (CIP) de acordo com ISBD

P436a	Pereira, Danielle Toledo
	Aprendizagem baseada em Projetos: Planejamento e Aplicação / Danielle Toledo Pereira, Rafaela Magalhães França Beschizza. – Rio de Janeiro, RJ : Freitas Bastos, 2022.
	134 p. ; 15,5cm x 23cm.
	ISBN: 978-65-5675-170-2
	1. Educação. 2. Aprendizagem. I. Beschizza, Rafaela Magalhães França. II. Título.
	CDD 370
2022-2330	CDU 37

Elaborado por Odilio Hilario Moreira Junior - CRB-8/9949

Índice para catálogo sistemático:
1. Educação 370
2. Educação 37

Freitas Bastos Editora
atendimento@freitasbastos.com
www.freitasbastos.com

Danielle Toledo Pereira
Rafaela Magalhães França Beschizza

APRENDIZAGEM BASEADA EM PROJETOS

Planejamento e Aplicação

Freitas Bastos Editora

2022

A todos que nos inspiram em nossas aventuras pedagógicas, colegas, alunos e nossos professores.

A nossos amigos e familiares, que nos acompanharam neste processo do início ao fim.

Somos eternamente gratas!

APRESENTAÇÃO

O ano de 2020 foi um grande marco na educação. Além de ter levado alunos e professores a uma modalidade de aulas que não havia sido pensada para a Educação Básica, tirou-nos do convívio com colegas e amigos. Hoje, percebemos o quanto esse tempo longe reflete no dia a dia escolar: os nervos estão à flor da pele, a dificuldade de concentração parece maior do que antes, há menos paciência em se aprender, todos querem ficar conectados a todo momento, entre outras questões.

Começamos a dar aula na mesma escola, na zona oeste da Cidade de São Paulo, justamente nesse contexto, no primeiro semestre de 2020, e não nos encontramos até o início das aulas presenciais, em fevereiro de 2021. Foi aí que tivemos o primeiro contato "de verdade" e, em nossas conversas, encontros e reuniões, notamos uma afinidade enorme em assuntos diversos, entre os quais as aulas, as preocupações com o ensino e a educação, com os alunos e, principalmente, em como levá-los a uma aprendizagem mais coerente com o que se espera do cidadão, aluno e profissional do século XXI. Desenvolver as habilidades e competências demandadas é um dos grandes desafios ao qual nos dispomos a pensar.

Entre nossas reflexões, surgiram pontos importantes e que nos impelem à mudança de nossa prática. O engajamento, o aprender a aprender e o aprendizado na prática vieram à tona muito fortemente. A consciência sobre o aluno no centro de seu processo de aprendizagem fez com que discutíssemos muito sobre as Metodologias Ativas, sua efetividade e a forma como poderíamos trazê-las para a sala de aula. Surgiu-nos, assim, a ideia de trabalharmos com a Aprendizagem Baseada em Projetos, uma vez que dávamos aulas para as mesmas turmas, os três anos do Ensino Médio, com as disciplinas de História, Rafaela, e Inglês, Danielle.

E, dessa forma, começamos a trabalhar juntas. Desde então, são horas de discussão, preparação, planejamento, grupos de estudo... Em uma acalorada conversa, falamos de escrever um manual para nos guiar e não esquecermos detalhes imprescindíveis para nossos planejamentos. Aos poucos, amadurecemos a ideia de que precisávamos de algo maior, um livro que ajudasse colegas a melhor estruturar os projetos, com teoria e também prática de professores que servissem como exemplo ou inspiração.

Foi nesse momento que fomos convidadas pela Freitas Bastos para escrevermos este livro. O público-alvo são universitários que cursam licenciaturas, dado de extrema importância para nosso plano de escrita. Quais são as informações que os alunos de licenciaturas têm sobre a Aprendizagem Baseada em Projetos? Vivenciaram projetos em sua vida escolar? Nas aulas de Prática de Ensino, ou qualquer outra, discutem sobre o tema? Sabemos que as disciplinas relacionadas a esse assunto ainda são muito teóricas e não se considera, na maioria das vezes, a homologia de processos. Vimos, portanto, que nossa base para a construção do material deveria ser algo simples, eficaz e eficiente, como o que nos traz William Bender em seu livro *Aprendizagem Baseada em Projetos*, de 2011, ao qual há várias referências aqui.

Estamos muito felizes por termos realizado este projeto. E temos muito o que agradecer a todos que nos servem de apoio, entre eles amigos, familiares, colegas, nossos professores e orientadores. Nosso agradecimento especial vai para as professoras que contribuíram com o livro, trazendo sua experiência e permitindo-nos divulgar seus projetos. Muito obrigada, Fumi Hoshino, Isabella Sampaio Silva, Luciana Magalhães, Priscila Wagner Pereira e Sabrina Daniana da Rosa. Sem vocês, o resultado não teria sido tão bom!

Não poderíamos deixar de agradecer à Escola do Futuro, lugar onde nos conhecemos e que nos permite viver tantas aventuras pedagógicas divertidas e relevantes para nossa prática.

Finalmente, gostaríamos de agradecer a nossa editora, Marisol Soto, pelo contato e apoio essencial, e à editora Freitas Bastos, que confiou em nosso trabalho!

Boa leitura!

Professoras Dani e Rafa

SUMÁRIO

13 INTRODUÇÃO

17 CAPÍTULO 1
OS SABERES PARA O SÉCULO XXI E O NOVO CENÁRIO EDUCACIONAL

- 1.1 NOVAS ABORDAGENS DO ENSINO – METODOLOGIAS ATIVAS 20
- 1.2 O PAPEL DO PROFESSOR E DO ALUNO 25
- 1.3 A APRENDIZAGEM BASEADA EM PROJETOS 27

33 CAPÍTULO 2
OS DESAFIOS DA BNCC PARA A ABP

- 2.1 COMPETÊNCIAS E HABILIDADES 34
- 2.2 A ABP DENTRO DA BNCC 38

41 CAPÍTULO 3
O USO DA TECNOLOGIA NA ABP E A INVESTIGAÇÃO

- 3.1 O USO DA TECNOLOGIA NAS METODOLOGIAS ATIVAS 42
- 3.2 O TRABALHO INVESTIGATIVO NA ESCOLA 46

55 CAPÍTULO 4
A APRENDIZAGEM BASEADA EM PROJETOS NA PRÁTICA

- 4.1 A IMPORTÂNCIA DO PLANEJAMENTO 55
- 4.2 O TRABALHO EM GRUPO 58
- 4.3 CARACTERÍSTICAS E ETAPAS DA ABP 61
- 4.4 A AVALIAÇÃO NA ABP 76

89 CAPÍTULO 5
EXEMPLOS DE PLANEJAMENTOS

- 5.1 EDUCAÇÃO INFANTIL 90
- 5.2 ENSINO FUNDAMENTAL I 94
- 5.3 ENSINO FUNDAMENTAL II 110
- 5.4 ENSINO MÉDIO 114

121 CAPÍTULO 6
TEMPLATES PARA A ABP

- 6.1 PLANEJAMENTO DO PROJETO – PROFESSORES 121
- 6.2 *TEMPLATE* INICIAL – ALUNOS 123
- 6.3 *TEMPLATE* DE ORGANIZAÇÃO DO TRABALHO – GRUPOS DE ALUNOS 124
- 6.4 RUBRICA GERAL – PROFESSORES 125

129 CONCLUSÃO

131 REFERÊNCIAS BIBLIOGRÁFICAS

INTRODUÇÃO

Desde os primeiros anos escolares, ouvimos falar sobre projetos. Em praticamente todas as disciplinas, são muito bem-vindos. Em muitos casos, já se sabe que em tal segmento, série e com tal professor, haverá a realização de certo projeto. Temos que admitir que é uma atividade esperada por quase a totalidade dos alunos. Mas por quê? Talvez, a razão seja o "sair do comum", da zona de conforto, atingir objetivos mais amplos, desenvolver competências e habilidades que vão além do ouvir, copiar, escrever, fazer exercícios e provas, trabalhar em grupo, entre outros. Há uma motivação maior: aprender a ser mais autônomo e protagonista de seu próprio aprendizado.

Descentralizar o processo de ensino da figura do professor não é recente. Ainda no século XIX, estudiosos como W. James, J. Dewey, A. Ferrière e E. Claparède já criticavam o modelo de ensino tradicional. Suas inquietações frente à passividade do educando e ao protagonismo docente durante a transmissão do conhecimento resultaram na formação do Movimento Escolanovista, cujas ideias foram difundidas em diferentes países do Ocidente.

A Escola Nova serviu como base para a idealização, nos anos de 1980, das Metodologias Ativas, uma alternativa à aprendizagem passiva. Trata-se de uma abordagem que coloca o aluno no centro do seu processo de aprendizagem ao estimular o desenvolvimento de competências e habilidades, como a autonomia intelectual, o pensamento crítico, a criatividade e a capacidade de aprender a aprender. Para que isso ocorra, deve-se aplicar diferentes estratégias de ensino que estimulem a experimentação e o compartilhamento, possibilitando que o discente aprenda em seu próprio tempo, forma e ambientes diferentes, tanto dentro quanto fora da sala de aula. Dessa forma, o aprendizado se dá em qualquer lugar, não apenas na escola. O papel do professor é, entretanto, fundamental por ser o guia e o condutor do aluno em seu processo de descoberta, reflexão e aplicação do aprendizado. A escolha de estratégias, ferramentas, recursos, seleção do material, bem como acompanhamento por meio de coleta de dados e análise de evidências, são fundamentais para solidificar o processo de aquisição do conhecimento pelo discente.

Claro está que para que os novos papéis desempenhados pelo professor e pelo aluno sejam entendidos por todos e praticados de forma efetiva, é de extrema importância que a formação dos professores, já nos cursos de licenciatura, seja condizente com o que se espera que faça em sala de aula.

Neste livro, propomos que você conheça a Metodologia Ativa denominada Aprendizagem Baseada em Projetos, aqui tratada como ABP. Tida como uma das mais eficazes por ser de mais longa duração e abranger vários passos e processos, ela pode ser transformadora. Nossa ideia não é esgotar o tema, mas provocar sua curiosidade para conhecê-la mais a fundo e aplicá-la em suas aulas. Para que isso aconteça, fizemos um passo a passo, começando de uma parte mais teórica e finalizando com modelos de práticas.

No capítulo 1, Os Saberes para o Século XXI e o Novo Cenário Educacional, trazemos justificativas suficientes para um aprendizado mais moderno, que foque no aluno e que o torne protagonista dentro de sua história escolar. Mencionamos aspectos das Metodologias Ativas e traçamos algumas características da ABP.

No capítulo 2, Os Desafios da BNCC para a ABP, referimo-nos a esse documento tão mencionado ultimamente e fazemos uma conexão entre ele e a ABP. Levando em conta que a BNCC sugere que o aluno seja o centro dentro do processo de ensino e aprendizagem, e que as 10 competências gerais constantes nela se relacionam inteiramente com as Metodologias Ativas, a ABP mostra-se uma abordagem muito alinhada ao que se espera do cidadão do século XXI.

No capítulo 3, O Uso da Tecnologia na ABP e a Investigação, abordamos o uso da tecnologia em sala de aula. Polêmicas à parte, não podemos deixar de ressaltar o quão importante é sua presença na escola atual. No entanto, também sabemos que a falta de acesso a dispositivos tecnológicos e à Internet ainda penaliza alunos menos privilegiados. Será que há alternativas para que não fiquem defasados?

O capítulo 4, A Aprendizagem Baseada em Projetos na Prática, traz a teoria relacionada à ABP, com seu planejamento, suas características principais, etapas e formas de se avaliar. Sua intenção não é servir como um guia, mas, se você estiver iniciando nessa metodologia, pode enxergá-lo dessa forma.

Com exemplos de Planejamentos, o capítulo 5 mostra, sob diferentes perspectivas, alguns projetos reais de professores da educação básica. Aproveite sua riqueza para não apenas aprender como também refletir sobre os projetos dos quais já tenha participado como aluno ou que tenha idealizado como professor.

Finalmente, chegamos ao capítulo 6, *Templates* para a ABP. Aqui, reunimos aqueles que usamos em nossas aulas. Dessa forma, já foram testados e validados por nós. É essencial destacar que deve haver flexibilidade, pois as mudanças oriundas da reflexão em cada passo têm a capacidade de alterar certas configurações, o que é excelente. Personalizamos o ensino de acordo com nosso público-alvo, não com nossos gostos ou o que acreditamos que será melhor.

CAPÍTULO 1 — OS SABERES PARA O SÉCULO XXI E O NOVO CENÁRIO EDUCACIONAL

O século XXI chegou trazendo muitos desafios para o mundo. Entende-se que, a partir dessa nova era, cidadãos de forma geral devem desenvolver competências e habilidades que, antes, ainda que já fossem necessárias, não eram previstas ou mencionadas.

Várias instituições, como a UNESCO, voltaram-se a esses aspectos, relacionando-os, inclusive, à educação. Em seu relatório intitulado *Educação, um tesouro a descobrir*, de 2010, afirma que

> não resistiu à tentação de acrescentar novas disciplinas, tais como o autoconhecimento e a busca dos meios adequados para garantir a saúde física e psicológica ou, ainda, a aprendizagem de matérias que levem a conhecer melhor e preservar o meio ambiente. (DELORS, 2010, p. 9)

Novas necessidades, novas disciplinas e, consequentemente, um repensar o currículo educacional em todas as partes do mundo levaram especialistas a refletir sobre as práticas pedagógicas e seu potencial de transformar os estudantes em pessoas preparadas para os desafios e exigências do novo século. Delors (2010) ainda reforça que, uma vez que os currículos se encontram sobrecarregados, escolhas devem ser feitas para se preservar elementos essenciais para que a educação básica ensine "(...) a viver melhor pelo conhecimento, pela experiência e pela construção de uma cultura pessoal." (DELORS, 2010, p. 9). As disciplinas e seus conteúdos são relevantes para o conhecimento de mundo, para se tornar competitivo em exames e poder visualizar o que se quer fazer no futuro. No entanto, a pura e simples exposição de conceitos e modelos não garante os aprendizados essenciais para a vida, que inclui o viver em sociedade. Aqui, temos tanto escrita, leitura, oralidade, cálculo e resolução de problemas quanto conhecimentos, aptidões, valores e atitudes, competências e habilidades que, uma vez aprendidas, podem e devem ser aplicadas nos diferentes locais, situações e com pessoas da vida.

Algo essencial que o relatório da UNESCO nos apresenta é que a educação deve ser a ponte para os indivíduos desenvolverem seus talentos e sua criatividade e serem responsáveis por seus processos de aprendizagem, assim como por seus projetos pessoais.

Devido às mudanças frequentes no mundo atual, com a evolução das tecnologias e invenções a cada dia e resultante transformação de tudo o que nos cerca, torna-se premente pensar na educação ao longo da vida, terminologia originada do inglês *lifelong learning*, que significa que o aprender não é estanque, mas dinâmico e constante para enfrentar as diversas situações e demandas que temos em nossa vida privada e profissional.

Para enfrentar esse novo cenário do século XXI e aguçar a vontade pelo aprendizado ao longo da vida, a comissão da UNESCO estabeleceu 4 pilares que devem ser levados em conta na educação atual e que servem para os âmbitos pessoais e profissionais:

Aprender a conviver, através do conhecimento dos outros, sua história, tradições e espiritualidade, respeitar e gerir possíveis conflitos que as diferenças podem trazer.

Aprender a conhecer, ou seja, combinar uma cultura geral com o estudo em profundidade de um número restrito de temas que se queira ou tenha urgência.

Aprender a fazer, que capacita o indivíduo a enfrentar as situações em geral e trabalhar em equipe por meio de práticas profissionais e/ou sociais junto aos estudos.

Aprender a ser, que envolve o autoconhecimento, o ser responsável, autônomo e explorar seus talentos pessoais.

Conforme o exposto, devemos nos perguntar: será que as metodologias mais tradicionais de ensino encaixam-se e ajudam no desenvolvimento de tudo o que se propõe para esse cidadão do século XXI? A resposta é *depende*. É inegável que gerações e gerações aprenderam e se beneficiaram com o estudo mais formal e expositivo, com o professor à frente da sala, lousa e giz, páginas e mais páginas de livro, um saber enciclopédico, talvez mais superficial e memorizado do que entendido e transferível à vida. No entanto, o acesso às informações era muito mais precário. Hoje, com a quantidade de dados que temos nas palmas de nossas mãos, a preocupação já não é como são obtidos, mas a forma, a relevância, a autenticidade e, talvez o principal, se as fontes são confiáveis.

É nesse ponto que entram as novas metodologias, que visam uma mudança no papel dos agentes envolvidos no processo de ensino e aprendizagem e uma mudança de paradigma sobre a relação do estudante com seu próprio aprendizado.

Para entendermos um pouco mais acerca dessa questão, vamos nos deter nas Metodologias Ativas e suas características, que parecem conectar-se de forma positiva e bem-sucedida às propostas mais modernas e atuais na educação.

1.1 NOVAS ABORDAGENS DO ENSINO – METODOLOGIAS ATIVAS

É importante entender que essas metodologias que levam em conta a prática e o experimentar não são exatamente novas. A Escola Nova, por exemplo, um movimento de renovação do ensino iniciado na Europa e com reflexos importantes na América em geral, incluindo o Brasil, teve origem em ideias de educadores, filósofos e pedagogos do final do século XIX, como John Dewey (1859-1952), William James (1842-1910) e Édouard Claparède (1873-1940). Entre suas ideias principais estão o aluno no centro da construção de seu conhecimento; a ineficácia dos métodos tradicionais para se alcançar esse objetivo, pois não propiciavam a preparação efetiva para o futuro cidadão em um mundo em constante evolução em várias áreas trazidas pela Revolução Industrial; o respeito às individualidades de cada um; a integração da aprendizagem ao que acontece fora da escola; o desenvolvimento da reflexão e, consequentemente, do pensamento crítico; a importância do conhecimento prévio do aluno e vários aspectos que relacionamos ao que se considera hoje como essencial no contexto escolar.

Nos últimos anos, muito se tem falado, ouvido, lido e repetido sobre as Metodologias Ativas. Instituições de ensino em geral têm-nas como conhecimento pétreo na contratação de professores; vários cursos curtos e longos, como pós-graduações, surgem no intento de instrumentalizar professores; formações são idealizadas dentro de escolas com foco nos professores e suas práticas em sala de aula. Aos poucos, nota-se que os educadores utilizam-nas cada vez mais e vão se apropriando aos poucos e num movimento contínuo.

Entretanto, o que são as Metodologias Ativas? Podemos defini-las como um conjunto de estratégias que tem como objetivo principal colocar o aluno no centro de sua aprendizagem, tornando-o autônomo, responsável por seu processo de ensino e aprendizagem e, assim, partícipe e com papel ativo.

Segundo Maria Elizabeth Bianconcini de Almeida (2018),

> A metodologia ativa se caracteriza pela inter-relação entre educação, cultura, sociedade, política e escola, sendo desenvolvida por meio de métodos ativos e criativos, centrados na atividade do aluno com a intenção de propiciar a aprendizagem.
>
> (BACICH e MORAN, 2018, Apresentação xi)

Essa conceituação aproxima-nos do que foi mencionado até o momento: as Metodologias Ativas relacionam várias áreas de nossa vida que não têm um fim na escola, mas no mundo extramuros, que têm o aluno como agente principal de sua aquisição do saber, sendo a prática como fomentadora de sua autonomia um forte elemento.

Várias outras são as características das Metodologias Ativas, entre as quais destacamos:

- O professor deve oferecer diferentes experiências de aprendizagem, pois os estudantes têm diferentes formas de aprender. Temos, então, a personalização do ensino.

- A aprendizagem deve ser significativa, o que quer dizer que o aluno deve ser capaz de conectar seus aprendizados ao seu contexto e sua realidade, ainda que isso não aconteça imediatamente. Sendo assim, quanto mais reais forem os problemas apresentados, mais desafio e mais aprendizado.

- Compartilhar ideias, opiniões, dúvidas é um princípio básico. Ao fazê-lo, há desafios e, logo, mais envolvimento.
- A avaliação deve ser constante. Isso não significa dar uma prova formal a cada passo e, sim, medir a aprendizagem do aluno com certa frequência por meio de pequenas atividades, ferramentas, aplicativos, rotinas de pensamento ou qualquer outra maneira que permita demonstrar se o professor deve seguir em frente ou redesenhar a rota de aprendizagem.
- Valoriza-se muito o trabalho em grupo. Aprender com o outro é sempre mais prazeroso e a troca de informações e experiências ajuda no ato de construir. Ademais, formar grupos de estudos e colaborativos levando em conta os mesmos estilos edifica. Cohen e Lotan dizem que, em grupo, os alunos "(...) fazem perguntas, explicam, fazem sugestões, criticam, ouvem, concordam, discordam e tomam decisões coletivas" (2017, p. 2). E isso é essencial para qualquer cidadão. Não é à toa que "Trabalho em grupo" é uma das 10 competências gerais da BNCC (2018)! Contudo, não se pode esquecer que a reflexão e o trabalho individuais são fundamentais para todos os indivíduos.
- A escuta ativa é um dos fatores mais necessários no processo de ensino-aprendizagem quando se tem em conta qualquer aprendizagem ativa. Como o professor é capaz de entender as necessidades dos alunos se não valoriza sua opinião, compreende seus questionamentos e repensa sua própria prática?
- Com a responsabilização por seu próprio aprendizado, a autonomia e a centralização do aprendizado no aluno, a probabilidade dele desenvolver a tomada de decisão e o pensamento crítico são muito altas.

Também é relevante mencionar o que as Metodologias Ativas não são, uma vez que muita confusão se faz em sua conceituação e em seu entendimento:

- Não significa que as aulas expositivas acabaram ou que elas são consideradas menores ou menos importantes. Se o aluno deve ser contemplado em sua forma de aprender, e algum pode ter mais facilidade com uma aula expositiva, ela, sim, deve fazer parte do rol de tipos de aula que o professor dará.

- Não são uma ação aqui e outra ali, isoladas, uma ferramenta, uma aula diferenciada ou estratégia, mas um conjunto de ações que indicam que o aluno está avançando em sua autonomia e na aquisição de competências e habilidades.

- Personalizar o ensino não significa preparar uma aula específica para cada um, mas oferecer meios diferentes de se chegar à informação. Assim, utilizar materiais diversos é o mais indicado. Para uma mesma conceituação, trazer vídeos, textos e atividades mão na massa fará com que todos sejam incluídos e tenham oportunidade de praticar e demonstrar habilidades.

- A impressão que se tem é a de que o educador trabalha muito mais, o que é uma inverdade. Afinal, planejar uma aula, um curso ou qualquer atividade acadêmica é muito trabalhoso, independentemente da metodologia, do método e da forma como se faz.

- Não é deixar o aluno ativo, levantando, conversando ou com colegas o tempo todo, é não ser passivo em seu aprendizado.

- Não é mudar o *layout* da sala, com mesas redondas, muitas cores, *post-its*, almofadas no chão etc. Isso pode facilitar os momentos de interação, mas não garante a aprendizagem.

- Não é ter tecnologia de ponta e acesso fácil à Internet. Esse seria o ideal, mas não exprime real aprendizado. Estamos na era do aluno que é nativo digital, ou seja, nasceu com acesso à tecnologia e sem medo de mexer, apertar e lidar. Todavia, saber o uso correto e benigno é outra história!

Fazer os alunos mais partícipes e envolvidos é chave para um aprendizado significativo, constante e que perdure por sua vida toda. Afinal de contas, deve-se aprender não apenas para cumprir conteúdos ou fazer provas, mas deve-se aprender a aprender em qualquer ocasião, idade e o que for necessário.

Há várias Metodologias Ativas. Como não temos a intenção de esgotar o assunto, mencionaremos apenas algumas, as que talvez estejam mais presentes em nossa prática:

- **Sala de aula invertida** – consiste em mesclar experiências *online*, em casa ou qualquer espaço que não seja a escola, e presenciais, dentro da sala de aula. Ocorre antes da aula e dá a oportunidade do aluno conhecer um tema, acessar seus conhecimentos prévios ou recordar algo que já tenha sido visto. Podem ser utilizadas diferentes estratégias para coletar informações de aprendizagem e conhecimento do aluno, que deve se comprometer a fazer a tarefa em casa ou outro ambiente para que o professor receba evidências e trabalhe com elas na aula, lugar que passa a ser de discussão sobre o tema, compartilhamentos e construção de um novo conhecimento.

- **Gamificação** – uso de elementos de jogos (fases, recompensas, pontos etc.) em situação de não jogo, no caso, na sala de aula para fazer algum exercício, por exemplo. Por ser altamente engajador, promove a aprendizagem e a resolução de problemas atrativa e criativamente.

- **Cultura Maker** – seu princípio é o "faça você mesmo". Apresenta-se um problema e utilizam-se recursos para solucioná-los, criando-se artefatos, arquétipos, entre outros.

- **Rotação por estações** – trata-se da divisão da sala por estações, nas quais haverá grupos de alunos. Cada grupo passa por cada uma delas e desenvolve o que for solicitado. Ao terminar o tempo, os grupos vão para a estação seguinte e fazem a atividade aí proposta. Portanto, o tempo dado deve ser o mesmo em todas, caso contrário, haverá alunos esperando ou atrasados para a próxima. As estações devem ter atividades diferentes para contemplar o acesso a diferentes experiências de aprendizagem. Em cada, haverá alguma atividade que, ao final, será sistematizada pelo professor.

1.2 O PAPEL DO PROFESSOR E DO ALUNO

Nesse novo panorama, o papel dos agentes envolvidos no processo de ensino-aprendizagem, educador e aluno, mudou completamente. Não temos mais uma verticalidade, uma pessoa considerada "superior", responsável por prover todo o conhecimento que aquele aluno deveria ter. Passamos para uma fase de horizontalidade, sem um predomínio de uma das partes. Esse é um grande desafio para o profissional que, por tantos e tantos anos, foi visto como detentor de todas as informações, o único que poderia aportar conhecimento, transmiti-lo. Com o advento da tecnologia, as informações são, agora, passadas por diferentes fontes, a qualquer momento e, literalmente, pelas palmas de nossas mãos. Um simples aparelho, como o celular, é capaz de gerar e transmitir muito mais do que precisamos saber. Logo, o professor passa a ser mediador, guia e facilitador do processo dentro da sala de aula.

Quanto ao aluno, deixa de ser passivo para ser partícipe, protagonista, autônomo, responsável pelo próprio conhecimento, e ajudar integralmente na sua construção, colaborativamente, compartilhando e envolvendo-se no percurso da instrução. Isso viabiliza o engajamento, porque se sente parte do processo do ato de aprender.

As transformações empreendidas também causam modificações no relacionamento entre os atores. Se, de um lado, tínhamos aquele que ensinava e aquele que aprendia, aquele que sabia e aquele que não sabia, aquele que dominava e aquele que precisava estudar muito para saber algo, aquele que mandava e aquele que obedecia, agora temos aquele que guia o processo e aquele que assume a responsabilidade. O estranhamento, inicialmente, é normal, mas a recompensa é visível.

Com a aproximação dos dois, há uma relação de mais confiança, respeito e, por que não dizer, troca de saberes. Quantas vezes em aula o aluno não ensina o professor como lidar com certa tecnologia, mostra algum site interessante ou propõe temas e formas de fazer diferentes. Os estudantes também se aproximam uns dos outros, formando uma grande comunidade de aprendizagem. Pode haver conflitos ou divergências em opiniões e ideias, o que, como efeito, leva ao desenvolvimento das relações interpessoais. Nem todos estão preparados para lidar com situações adversas ou desacordos, mas é um excelente momento para aprender.

É imprescindível, neste ponto, retomarmos a ideia da personalização do ensino. Dado que alunos e professores têm esse relacionamento mais próximo, que há formas desenvolvidas pelo professor para que entenda melhor de que modo seu aluno está aprendendo e que se deve variar a forma como se conduz as experiências em aula, faz-se mister selecionar aquilo que vai ao encontro do que é profícuo:

> Um projeto de personalização que realmente atenda aos estudantes requer que eles, junto com o professor, possam delinear seu processo de aprendizagem, selecionando recursos que mais se aproximam de sua melhor maneira de aprender. Aspectos como o ritmo, o tempo, o lugar e o modo como aprendem são relevantes quando se reflete sobre a personalização do ensino. (BACICH, TANZI e TREVISANI, 2015, p. 51)

Personalizar, então, tornou-se essencial para uma aprendizagem respeitando-se indivíduos e individualidades, incluindo e satisfazendo necessidades, vontades, lacunas, interesses e conhecimentos prévios.

1.3 A APRENDIZAGEM BASEADA EM PROJETOS

Uma das Metodologias Ativas mais mencionadas em qualquer material e por qualquer educador é a Aprendizagem Baseada em Projetos, a ABP. Alguns teóricos preferem utilizar a terminologia em inglês PBL (*Project Based Learning*).

Desde sempre, as escolas trabalham com projetos, embora, muitas vezes, não de forma consciente ou tão organizada e estruturada. Todas as disciplinas costumam ter algum que, após certo tempo de dedicação e estudo, terá um produto para ser apresentado na sala de aula, numa feira de ciências ou em qualquer outro evento educacional.

Um projeto é algo a ser realizado de acordo com planejamento em etapas e fases e que se refere ao futuro, isto é, a algo que será feito e, posteriormente, mostrado. Não corresponde a uma tarefa ou atividade de sala de aula, que faz parte da rotina. Ao término, corrige-se e volta-se à aula dando prosseguimento à matéria. Um projeto é maior, com começo, meio e fim, produto final, com apresentação de resultado, e partes bem definidas e preestabelecidas.

Segundo Bender (2014), a ABP pode ser definida como uma metodologia que faz com que os alunos estudem problemas reais e significativos para eles e façam escolhas para proporem soluções. Por serem reais, afetam sua comunidade e se sentem motivados a investigá-los e a contribuir com ideias de melhorias. Além disso, são muitas as competências e habilidades desenvolvidas quando aplicada, entre as quais podemos citar a resolução de problemas, o pensamento crítico e a cooperação, por meio do trabalho em grupo.

Para o *Buck Institute of Education* (BIE), a ABP corresponde a

> [...] um método sistemático de ensino que envolve os alunos na aquisição de conhecimentos e habilidades por meio de um extenso processo de investigação estruturado em torno de questões complexas e autênticas e de produtos e tarefas cuidadosamente planejados. (BUCK INSTITUTE OF EDUCATION, 2008, p. 18)

Ou seja, é um processo estruturado por questões reais e planejamento que tem o objetivo de se chegar a um produto com a resolução do problema.

O BIE (2008) menciona, ainda, alguns atributos necessários para a efetividade dos projetos:

- Os alunos estão no centro do processo e devem ter o impulso para aprender.
- Os projetos envolvem os alunos nos conceitos e princípios de uma disciplina.
- Há questões provocativas que aprofundam o conteúdo.
- Requerem ferramentas e habilidades, como tecnologia, autogestão e gestão do projeto.
- Trazem produtos que têm a intenção de solucionar problemas.
- Incluem produtos que aceitam *feedback* e permitem aprendizado com a experiência.
- Usam avaliações de desempenho.
- Estimulam a cooperação.

Um dos grandes mitos com relação à ABP é que representa algo a mais para o professor fazer, um tema extra e não relacionado ao que será visto na(s) disciplina(s). Pelo contrário, deve-se trabalhar o conteúdo já previsto, assim como os objetivos de aprendizagem estabelecidos previamente.

Os teóricos e educadores que mencionam a ABP ressaltam o fator do engajamento como um dos mais importantes. Isso se deve ao fato de os alunos terem a possibilidade de se envolverem do início ao fim. Pela possibilidade de escolhas, seja do tema, do viés que tomará, de como será a pesquisa, dos resultados que querem encontrar ou de como e para quem farão a apresentação, sentem-se valorizados e importantes.

Antes de darmos prosseguimento, é basilar definirmos engajamento, palavra à qual nos referimos neste primeiro capítulo e que seguirá implícita ou explicitamente referenciada. Para tal, traremos os teóricos Shirley e Hargreaves (2022), que nos dão uma perspectiva atual e bem fundamentada sobre o tema.

Quando se faz alguma atividade que não dá certo ou quando os alunos não se interessam, o professor tende a se culpar. Aliás, a maioria das pessoas, sejam elas da comunidade escolar ou não, repete esse discurso. Todavia, Shirley e Hargreaves (2022) salientam que há outros fatores que podem determinar isso, como a falta de políticas públicas, salas lotadas, tecnologia aplicada de forma apressada e sem intencionalidade pedagógica, testes padronizados e o controle de cima para baixo, isto é, todas as ordens e determinações chegando ao aluno sem sua opinião ou observação do que ele quer e necessita.

Os autores defendem que há três mitos do engajamento:

- **Relevância:** nem tudo o que o aluno aprende mostra-se relevante naquele momento.
- **Tecnologia:** ela não elimina a falta de engajamento.
- **Diversão:** nem toda aula divertida engaja, pois apenas a diversão não mantém a participação do aluno.

Estabelecem, então, cinco caminhos que levam ao engajamento dos alunos e que podemos conectar perfeitamente ao tema deste material, ou seja, a ABP:

- **Valor intrínseco:** deve-se aproveitar a motivação intrínseca, aquela que se desenvolve por interesse próprio, não por se ganhar algo em troca, para desenvolver paixão e propósito.
- **Importância:** deve-se encorajá-los a trabalhar temas importantes para eles e para o mundo.

- **Pertencimento:** sensação de estar incluído e de fazer parte da escola e da comunidade.
- **Empoderamento:** deve-se respeitar sua vontade, nem tudo deve vir de cima para baixo.
- **Maestria:** realização com esforço causa mais satisfação do que momentos de diversão.

A ABP, que tem como premissa que se trabalhe temas reais e que sejam de agrado dos alunos, encaixa-se nos cinco caminhos para o engajamento. Eles desenvolvem algo considerando seu próprio interesse, escolhem temas relevantes para o mundo, sentem-se parte daquela comunidade, sua voz é levada em conta e esforça-se para aprender e progredir.

Para finalizar, destacamos que

> O relatório da OCDE aponta que os estudantes desencantados com a escola são os mais propensos a apresentar baixos resultados acadêmicos e abandono escolar. Alunos desmotivados geram problemas de gestão de sala de aula para seus professores e não adquirem as habilidades sociais necessárias para que tenham um bom desempenho no trabalho ou na educação superior. (SHIRLEY & HARGREAVES, 2022, p. 15).

Em resumo, a ABP é um caminho para que os alunos se entreguem mais aos estudos e para torná-los conscientes de seu papel na sociedade através do entendimento dos problemas que o cercam e de ser pensante que vai intervir para resolver o problema que se apresenta em seu contexto. Há uma associação visível do que eles aprendem e do que vivenciam no mundo, adquirindo competências e habilidades tidas como básicas para o jovem cidadão do século XX. E, como se diz hoje em dia, essas competências e habilidades são muito mais consideradas e procuradas por algumas empresas do que, até mesmo, um diploma.

> **Para refletir**
>
> Leia o texto a seguir e reflita sobre as estratégias que fazem dos alunos protagonistas.
>
> NOVA ESCOLA. Felipe Bandoni. *Quando a palestra vira rotina, adormece o aprendizado*. Disponível em: https://novaescola.org.br/conteudo/8375/quando-a-palestra-vira-rotina-adormece-o-aprendizado. Acesso em: 4 de abril de 2022.

CAPÍTULO 2 — OS DESAFIOS DA BNCC PARA A ABP

Para que possamos discorrer, ao longo deste capítulo, a respeito dos desafios da Base Nacional Comum Curricular (BNCC) para a ABP, antes de tudo, precisamos entender o que é a BNCC. Embora tenha sido homologada pelo Ministério da Educação e Cultura em 2017, foi prevista pela Constituição Federal/88, em seu artigo 210[1], e pela Lei de Diretrizes e Bases da Educação Nacional (LDB, Lei nº 9.394/1996). De acordo com esse último documento, no artigo 9º, Inciso IV, caberia ao governo federal estabelecer, em conjunto com os Estados, o Distrito Federal e os Municípios, competências e diretrizes que servissem como referência para a elaboração dos currículos e dos conteúdos mínimos a serem desenvolvidos no Ensino Básico (Educação Infantil, Ensino Fundamental Anos Iniciais e Finais e Ensino Médio).

Assim sendo, a BNCC pode ser entendida como um documento que tem por objetivo regulamentar os conhecimentos, competências e habilidades essenciais que todos os estudantes situados ao longo do território brasileiro, independentemente da raça ou da situação socioeconômica, devem desenvolver durante a Educação Básica nas redes de ensino públicas e privadas. Baseando-se nos princípios éticos, políticos e estéticos apresentados pelas Diretrizes Curriculares Nacionais da Educação Básica, a BNCC representa um importante direcionamento para a formação integral dos discentes.

---

1   Art. 210. Serão fixados conteúdos mínimos para o ensino fundamental, de maneira a assegurar formação básica comum e respeito aos valores culturais e artísticos, nacionais e regionais.

Sendo a BNCC um documento norteador, ela não possui o intuito de retirar a autonomia dos estados, municípios e das escolas. De acordo com o artigo 26 da LDB,

> Os currículos da educação infantil, do ensino fundamental e do ensino médio devem ter base nacional comum, a ser complementada, em cada sistema de ensino e em cada estabelecimento escolar, por uma parte diversificada, exigida pelas características regionais e locais da sociedade, da cultura, da economia e dos educandos. (BRASIL, 1996)

Dessa forma, a contribuição dos educadores para a elaboração dos currículos locais é fundamental. Para tal, o conhecimento por parte dos professores das propostas apresentadas pela BNCC é de extrema importância, uma vez que serão eles que as aplicarão, farão as adaptações necessárias e garantirão o direito de aprender aos estudantes de todo o território nacional, promovendo a redução das desigualdades.

2.1 COMPETÊNCIAS E HABILIDADES

Conforme já vimos, a BNCC é um documento que possui o objetivo de garantir a equidade da aprendizagem entre os estudantes brasileiros durante o Ensino Básico. Para que isso se torne possível, estabelece como fundamento pedagógico o desenvolvimento integral das crianças e dos jovens. Embora determine os conhecimentos, as competências e as habilidades que todos os alunos da Educação Básica devem desenvolver ao longo desse período, o enfoque da Base ultrapassa os aspectos cognitivos e conteudistas, levando em consideração as questões físicas, emocionais, sociais e culturais.

No entanto, o que isso representa para o ensino? Entende-se que, ao perceber que fatores externos ao conteúdo curricular contribuem para a formação dos estudantes, passa-se a considerar como referência o desenvolvimento de competências gerais que deverão desenvolver para saberem lidar e se comunicar consigo mesmos e com o mundo que os rodeia.

Nesse sentido, a BNCC define competência como

> (...) a mobilização de conhecimentos (conceitos e procedimentos), habilidades (práticas, cognitivas e socioemocionais), atitudes e valores para resolver demandas complexas da vida cotidiana, do pleno exercício da cidadania e do mundo do trabalho. (BNCC, 2018, p. 8)

Ao se fazer essa conceituação, reconhece-se que a educação possui um papel importante para apresentar, reforçar e estimular os conceitos, os valores e as ações que irão contribuir para a transformação da sociedade.

No que se refere à organização das competências, a BNCC estabeleceu as gerais e as específicas. Para tornar viável o desenvolvimento das competências específicas, a Base apresenta, para cada componente curricular, um conjunto de habilidades, as quais estão relacionadas a diferentes objetos de conhecimento[2], organizados em unidades temáticas. Vale destacar que as habilidades podem ser entendidas como as aprendizagens que devem ser garantidas aos alunos nos diferentes contextos escolares para desenvolverem as competências específicas.

Como o enfoque do texto não é abordar a BNCC de forma detalhada, trataremos aqui das competências gerais da Educação Básica estabelecidas por ela:

---

2   Os objetos de conhecimento são aqui compreendidos como os conteúdos, os conceitos e os processos.

COMPETÊNCIAS GERAIS DA EDUCAÇÃO BÁSICA

1. Valorizar e utilizar os conhecimentos historicamente construídos sobre o mundo físico, social, cultural e digital para entender e explicar a realidade, continuar aprendendo e colaborar para a construção de uma sociedade justa, democrática e inclusiva.

2. Exercitar a curiosidade intelectual e recorrer à abordagem própria das ciências, incluindo a investigação, a reflexão, a análise crítica, a imaginação e a criatividade, para investigar causas, elaborar e testar hipóteses, formular e resolver problemas e criar soluções (inclusive tecnológicas) com base nos conhecimentos das diferentes áreas.

3. Valorizar e fruir as diversas manifestações artísticas e culturais, das locais às mundiais, e também participar de práticas diversificadas da produção artístico-cultural.

4. Utilizar diferentes linguagens – verbal (oral ou visual-motora, como Libras, e escrita), corporal, visual, sonora e digital –, bem como conhecimentos das linguagens artística, matemática e científica, para se expressar e partilhar informações, experiências, ideias e sentimentos em diferentes contextos e produzir sentidos que levem ao entendimento mútuo.

5. Compreender, utilizar e criar tecnologias digitais de informação e comunicação de forma crítica, significativa, reflexiva e ética nas diversas práticas sociais (incluindo as escolares) para se comunicar, acessar e disseminar informações, produzir conhecimentos, resolver problemas e exercer protagonismo e autoria na vida pessoal e coletiva.

6. Valorizar a diversidade de saberes e vivências culturais e apropriar-se de conhecimentos e experiências que lhe possibilitem entender as relações próprias do mundo do trabalho e fazer escolhas alinhadas ao exercício da cidadania e ao seu projeto de vida, com liberdade, autonomia, consciência crítica e responsabilidade.

7. Argumentar com base em fatos, dados e informações confiáveis, para formular, negociar e defender ideias, pontos de vista e decisões comuns que respeitem e promovam os direitos humanos, a consciência socioambiental e o consumo responsável em âmbito local, regional e global, com posicionamento ético em relação ao cuidado de si mesmo, dos outros e do planeta.

> 8. Conhecer-se, apreciar-se e cuidar de sua saúde física e emocional, compreendendo-se na diversidade humana e reconhecendo suas emoções e as dos outros, com autocrítica e capacidade para lidar com elas.
>
> 9. Exercitar a empatia, o diálogo, a resolução de conflitos e a cooperação, fazendo-se respeitar e promovendo o respeito ao outro e aos direitos humanos, com acolhimento e valorização da diversidade de indivíduos e de grupos sociais, seus saberes, identidades, culturas e potencialidades, sem preconceitos de qualquer natureza.
>
> 10. Agir pessoal e coletivamente com autonomia, responsabilidade, flexibilidade, resiliência e determinação, tomando decisões com base em princípios éticos, democráticos, inclusivos, sustentáveis e solidários.

(BRASIL, 2018, p. 9-10)

Nota-se que a Base, por meio das competências, procura quebrar o modelo disciplinar fragmentado. O centro da aprendizagem está no diálogo transversal entre os diferentes conteúdos, estimulando a sua aplicação em situações que fazem parte da vida do estudante. Dessa forma, entende-se que existe uma importância em contextualizar e dar sentido ao que se aprende, estimulando-se, para isso, o protagonismo do estudante em seu processo de ensino-aprendizagem, bem como na construção de seu projeto de vida. Nesse sentido, a Base entende que a escola deve contribuir para que os estudantes atuem como cidadãos engajados e tomem as suas decisões de forma consciente. O planejamento do futuro é apoiado diretamente pelos educadores, os quais se baseiam em três pilares: pessoal, social e profissional. Sendo assim, a escola se encarrega de oferecer subsídios psicológicos e acadêmicos para que os alunos tracem estratégias para alcançarem os seus objetivos.

2.2 A ABP DENTRO DA BNCC

A utilização de projetos temáticos pelos professores do ensino básico como uma estratégia para tornar a aprendizagem mais interessante e relevante aos alunos não é recente. John Dewey, em 1897, já defendia esse recurso para a construção do conhecimento.

No entanto, como já visto, existem algumas diferenças entre um Projeto Temático e uma Aprendizagem Baseada em Projetos. Para nós, nesse tópico, interessa compreender como a ABP encontra-se presente na BNCC. Portanto, vale a pena relembrar que, de acordo com Bacich (2019), ABP

> (...) é uma metodologia ativa que utiliza projetos como o foco central de ensino, integrando, na maioria das vezes, duas ou mais disciplinas. Os projetos podem surgir de um problema ou de uma questão norteadora, proveniente de um contexto autêntico, envolvendo a investigação, o levantamento de hipóteses, o trabalho em grupo e outras competências até chegar a uma solução ou a um produto final. Nesse contexto, os estudantes devem lidar com questões interdisciplinares, tomar decisões e trabalhar em equipe. Pensamento crítico, criatividade e colaboração são essenciais nesse processo.

De posse desse conceito, podemos notar que, diante da ampliação do acesso à informação, às redes sociais e aos diferentes recursos do mundo virtual pelos educandos, passou a haver a necessidade de promover uma educação contextualizada que contribua para o desenvolvimento das habilidades de criticidade, criatividade, colaboração e comunicação, formando um cidadão preparado para o mundo em que está inserido.

Nesse sentido, a BNCC apresenta em seu texto a importância do desenvolvimento da Educação Integral ao longo do Ensino Básico para a formação do sujeito em sua totalidade. Por Educação Integral, a Base entende aquela que, intencionalmente, procura desenvolver processos educativos que resultem em aprendizagens relacionadas às necessidades, às possibilidades, aos interesses e aos desafios dos estudantes na contemporaneidade. Assim sendo, o objetivo

> ... de uma Formação Humana Integral é possibilitar às pessoas, independentemente das diversidades, uma educação completa e digna, para que sejam capazes de pensar e sejam dirigentes, em vez de simplesmente operar e atuar de forma mecânica no mercado de trabalho. É necessário promover uma formação completa, para que aqueles que não têm acesso a essa formação de qualidade (por motivos políticos ou sociais) venham a ter. (NETO e VASCONCELOS, 2021, p. 48)

Para que a formação do sujeito em sua totalidade seja efetivada, é necessário promover mudanças no Ensino Básico brasileiro, tanto no privado quanto no público, uma vez que a maior parte desses estabelecimentos adota um modelo de educação tradicional, com disciplinas definidas e desenvolvidas de forma isolada, priorizando a transmissão do conteúdo em detrimento da formação e do desenvolvimento humano.

Dentro dessa proposta apresentada pela Base, ainda que os conteúdos estejam de forma separada ao longo do seu texto, a ABP apresenta-se como uma importante metodologia de ensino para a promoção da mudança sugerida. De acordo com o *Buck Institute for Education* (2008), sua principal finalidade é promover o desenvolvimento do trabalho com conteúdos relevantes para o ensino integral, possibilitando ao estudante investigá-los por meio de questionamentos e apresentando publicamente o resultado do produto final desenvolvido. Essa identificação do aluno com o que está sendo trabalhado contribui para um maior envolvimento dele no seu processo de aprendizagem, já que a ABP estabelece uma relação evidente entre a teoria e a prática, melhorando a relação entre o educador e o educando, possibilitando a autonomia e o protagonismo do aluno, o que colabora com o processo de transição do ensino tradicional para o ensino integral.

Por fim, cabe destacar que a BNCC, estimula o desenvolvimento total do estudante ao apresentar as seguintes competências gerais da Educação Básica: conhecimento; pensamento científico, crítico e criativo; repertório cultural; cultura digital; trabalho e projeto de vida; argumentação; autoconhecimento e autocuidado; empatia e cooperação; e responsabilidade e cidadania. Nesse sentido, a ABP apresenta-se como uma efetiva metodologia para desenvolver essas competências relacionadas aos conhecimentos específicos e as suas respectivas habilidades, pois possibilita o planejamento de propostas que estimulam o aluno a aprender a aprender, a lidar de forma madura com as informações a que tem acesso, a atuar com discernimento e responsabilidade nos ambientes digitais e a aplicar o conhecimento adquirido para resolver e buscar soluções para os problemas.

CAPÍTULO 3 — O USO DA TECNOLOGIA NA ABP E A INVESTIGAÇÃO

No século XXI, quando falamos em tecnologia, corremos o risco de ficarmos ultrapassados em pouco tempo. Os estudos de inovação tecnológica estão cada vez mais avançados, o que permite o seu aperfeiçoamento constante. No que se refere aos recursos digitais, as pesquisas têm nos mostrado que hoje são muitos, estão cada vez mais acessíveis e instantâneos. A facilidade promovida por essa modernização resultou na constatação de que a tecnologia poderia ajudar a modernizar a educação, trazendo muitos benefícios, pois possibilita que a aprendizagem ocorra em diferentes locais, tempos e formas.

Essa realidade frequentemente nos faz acreditar que apenas haverá inovação se nos apoiarmos em equipamentos e recursos tecnológicos. No entanto, embora saibamos de sua importância para o desenvolvimento do ensino ativo e, consequentemente, de projetos,

> (...) devemos entender que, em determinados contextos, nos quais o uso desses equipamentos não seja possível, outras ferramentas podem e devem ser usadas. A criatividade, da mesma forma, é uma habilidade imprescindível no mundo atual. Graças a ela, propomos novas soluções a problemas novos e/ou velhos. (PEREIRA, 2022, p. 8).

Nesse sentido, este capítulo propõe abordar a importância do uso da tecnologia no desenvolvimento das metodologias ativas no processo de ensino-aprendizagem, a relação das tecnologias com o processo investigativo escolar, bem como a importância da educação midiática para que ele se desenvolva de forma responsável.

3.1 O USO DA TECNOLOGIA NAS METODOLOGIAS ATIVAS

Não é de hoje que a utilização da tecnologia tem potencializado as experiências em sala de aula. Entre os dispositivos usados desde o século XX, encontram-se televisão, videocassete, rádio, gravador, mimeógrafo, retroprojetor, computador, lousa eletrônica, *notebook*, celular etc.

A criação das tecnologias digitais móveis, em especial dos *smartphones*[3], e a sua utilização no contexto escolar, de acordo com Moran (2017), possibilitou ações e resultados transformadores para a educação do século XXI. De recursos que serviam somente como apoio ao ensino, a tecnologia passou a representar um eixo estruturante para o desenvolvimento da aprendizagem criativa, colaborativa, crítica, empreendedora, personalizada e compartilhada, possibilitando a implementação de propostas educacionais atuais, motivadoras e inovadoras. Dessa forma, Bacich e Moran (2018) destacam que o uso das tecnologias possibilita a aprendizagem colaborativa entre colegas situados na mesma localidade ou não, propiciando troca de informações, participação em atividades, resolução de desafios, realização de projetos e, também, avaliação mútua, assemelhando-se ao que já acontece fora da escola, com o uso de redes sociais.

---
3 Para saber mais, acesse:
https://porvir.org/10-dicas-13-motivos-para-usar-celular-na-aula/

Embora nem todas as escolas brasileiras possuam computadores e acesso livre à rede, de acordo com um guia elaborado pela UNESCO (veja figura a seguir), o acesso às tecnologias móveis[4] se popularizou até mesmo nas regiões em que escolas, computadores e livros são raros. Diante desse dado, embora saibamos que o deslocamento entre o presencial-digital-virtual não ocorra sem desafios, problemas, distorções e dependências, não podemos ignorar que o mundo encontra-se conectado e que precisamos repensar constantemente a nossa prática pedagógica.

---

4   É importante ressaltar que em algumas regiões do Brasil e do mundo o acesso ao celular ainda não foi popularizado. Nesse sentido, vale destacar que a inovação metodológica e, especificamente, o desenvolvimento da ABP não dependem exclusivamente dos dispositivos tecnológicos. Outras ferramentas podem e devem ser usadas.

UNESCO, 2014

Nesse sentido, o desenvolvimento de aulas que descentralizam o conhecimento da figura do professor e tornam o aluno protagonista da construção do seu conhecimento resulta em excelentes oportunidades para inserir as tecnologias nas práticas escolares. Cabe destacar que os encontros presenciais e as atividades analógicas possuem a sua importância e não devem ser menosprezados. No entanto, o professor do século XXI não deve resumir suas práticas pedagógicas a elas? É importante pensar além dos muros da escola, ou seja, o que se aprende nela deve estar relacionado ao que se vive fora dela. A respeito disso, o professor possui um papel especial na mediação das estratégias que serão utilizadas para aproximar os estudantes da realidade que irão enfrentar ao saírem dela. Portanto, precisamos entender que

> (...) um aluno não conectado e sem domínio digital perde importantes chances de se informar, de acessar materiais muito ricos disponíveis, de se comunicar, de se tornar visível para os demais, de publicar suas ideias e de aumentar sua empregabilidade futura. (BACICH e MORAN, 2018, p. 11).

Assim, a utilização de recursos tecnológicos no processo de ensino e aprendizagem permite que outros espaços, além da sala de aula, sejam utilizados pelos alunos e professores, estimulando trocas de conhecimento e integrando pessoas de lugares e culturas diferentes. Essa realidade configura uma das grandes mudanças no papel do docente, que não detém mais todo o conhecimento, e dos estudantes, que devem assumir uma atitude ativa em seu processo de aprendizagem.

Diante dessa possibilidade de tornar o ensino mais próximo do contexto em que o aluno está inserido, a Aprendizagem Baseada em Projetos representa uma importante aliada à inserção da tecnologia ao ensino. Partindo do princípio de que a ABP entende a aprendizagem como um processo transdisciplinar e social, uma questão resultante do interesse dos alunos pela temática que está sendo explorada possibilita que eles pesquisem, discutam, formulem hipóteses, busquem, organizem dados e demonstrem suas descobertas. Nesse sentido, a utilização da rede e dos dispositivos e recursos tecnológicos se apresenta como grande aliada ao aprofundamento dos aluno no assunto estudado e à produção e publicação do seu produto.

Tendo as Metodologias Ativas o objetivo de aproximar aquilo que se aprende daquilo que se vive, a utilização dos diferentes recursos tecnológicos pelos professores durante as suas aulas possibilita que o aluno tenha acesso a múltiplas oportunidades educacionais, em diferentes espaços e tempos, o que nos leva a concluir que pessoas abertas às inovações fazem coisas interessantes, assim como, "Professores afetivos conseguem comunicar-se de forma acolhedora com seus estudantes através de qualquer aplicativo, plataforma ou rede social." (MORAN, 2017, s.p.)

3.2 O TRABALHO INVESTIGATIVO NA ESCOLA

Atualmente, professores e alunos têm acesso a diferentes experiências no celular. Frequentemente, deparamo-nos com novos aplicativos, os quais possuem finalidades diversas e podem ser manuseados em diferentes locais. Dentro desse contexto, para Moran (2017), a sala de aula representa um espaço de pesquisa, experimentação, produção, apresentação, debate, síntese.

Seguindo essa linha, a BNCC apresenta dez competências gerais, importantes para a formação dos estudantes como cidadãos pertencentes à sociedade e a um mundo em constante mutação. Para exemplificar o papel desse documento nesse processo, destacaremos as competências 4 e 5, que estabelecem que o estudante deve:

Competência 4

> Utilizar diferentes linguagens – verbal (oral ou visual-motora, como Libras, e escrita), corporal, visual, sonora e digital –, bem como conhecimentos das linguagens artística, matemática e científica, para se expressar e partilhar informações, experiências, ideias e sentimentos em diferentes contextos e produzir sentidos que levem ao entendimento mútuo. (BRASIL, 2018, p. 7)

Competência 5

> Compreender, utilizar e criar tecnologias digitais de informação e comunicação de forma crítica, significativa, reflexiva e ética nas diversas práticas sociais (incluindo as escolares) para se comunicar, acessar e disseminar informações, produzir conhecimentos, resolver problemas e exercer protagonismo e autoria na vida pessoal e coletiva. (BRASIL, 2018, p. 7)

A competência 4 defende que o aluno, ao finalizar o Ensino Básico, deverá ser capaz de utilizar diferentes linguagens para se comunicar, dentre elas, a digital, já que ela faz parte da rotina contemporânea.

Já a competência 5 é mais específica e institui que os estudantes deverão conhecer a tecnologia de maneira mais aprofundada, estando aptos, ao final do Ensino Médio, a utilizar e a criar tecnologias digitais. Sendo assim, espera-se que eles não apenas saibam usá-las, mas também tenham conhecimento para desenvolver aplicativos e programas.

Atualmente, temos presenciado em diferentes instituições educacionais, no Brasil e no mundo, o incentivo ao ensino de programação e à aprendizagem por meio de jogos. Segundo

Moran (2017), crianças e jovens devem aprender programação nas escolas, uma vez que desenvolve a criatividade e a habilidade de lidar com problemas. O fato de possibilitar colocar em prática aquilo que se aprende na teoria durante as aulas de Física, Matemática e Química, possibilita que os alunos desenvolvam suas ideias e as transformem em produtos. Portanto,

> Programar é um exercício criativo desafiador, onde se transformam ideias e pensamentos em linguagens entendidas por computadores. As competências digitais mais importantes hoje, além de programar, são: saber pesquisar, avaliar as múltiplas informações, comunicar-se, fazer sínteses, compartilhar online. Os jogos e as aulas roteirizadas com a linguagem de jogos (gamificação) estão cada vez mais presentes na escola e são estratégias importantes de encantamento e motivação para uma aprendizagem mais rápida e próxima da vida real. Os jogos mais interessantes para a educação ajudam os estudantes a enfrentar desafios, fases, dificuldades, limites, a enfrentar fracassos e correr riscos, com segurança. Os jogos de construção aberta como o Minecraft são excelentes para despertar a criatividade, a fantasia e a curiosidade. (MORAN, 2017)

Sabendo que o ideal nem sempre é o real, a proficiência idealizada pela BNCC provavelmente não será atingida por todos. No entanto, devemos levar em consideração, de acordo com Alvin Toffler em seu livro *A terceira onda* (1980), que possuímos uma geração de *prosumers* – *producer* ("produtor") + *consumer* ("consumidor") –, isto é, uma geração que, ao mesmo tempo em que consome, produz. A utilização da tecnologia na educação e a busca pela inovação do ensino da escola permitem refletir a respeito da sua importância para desenvolver o lado crítico, criativo e ético dos alunos, além da importância em utilizar os recursos digitais e tecnológicos com responsabilidade.

Nesse sentido, cabe aqui uma reflexão sobre o uso da tecnologia em sala de aula, a importância da intencionalidade pedagógica. Segundo Pereira (2022), alguns professores utilizam os recursos tecnológicos em suas aulas por acharem "legal", atrativo para os estudantes e por representarem uma possibilidade de "conquistá-los". No entanto, esquecem-se de algo primordial, a intenção que seu uso tem. Assim, ao fazer uso desses recursos, o docente deve procurar responder previamente às seguintes questões:

1. Por que utilizar o celular e/ou certo aplicativo?
2. O que esse recurso traz de relevante para a aula, para os estudantes e seu aprendizado?
3. Qual é a utilidade de se fazer uso de um determinado material?
4. A tecnologia escolhida vai ao encontro do objetivo de aprendizagem daquela aula?

As respostas a essas perguntas devem ser analisadas com seriedade, indo além do "gostar" do professor e do "agradar" aos estudantes, pois essas práticas devem resultar positivamente na aprendizagem.

Partindo do pressuposto de que o docente deve atuar como um mediador no ensino ativo, o processo investigativo por ele realizado acaba se cruzando com o do aluno. O papel do professor como curador e/ou autor do material a ser disponibilizado e as estratégias de ensino exploradas para envolver os alunos e atingir um alto grau de aprendizagem fazem com que sua função seja fundamental dentro das Metodologias Ativas. Podemos dar como exemplo o desenvolvimento da sala de aula invertida para apresentar um assunto aos alunos. O professor seleciona vídeos, textos e/ou apresentações e os posta em uma plataforma digital. Na sequência, é interessante que ensine os alunos a explorarem o material. Deverão acessá-los da sua casa, permitindo que sejam vistos e revistos, de acordo com sua necessidade. É aconselhável que possam revê-los com atenção, levantem suas principais dúvidas e respondam algum questionário ou *quiz*[5]. O professor deverá analisar os resultados e dar *feedback* aos alunos. Além disso, a verificação das dúvidas se apresenta como um dado importante para que as próximas atividades sejam elaboradas para os encontros presenciais. Cabe destacar que cada etapa da construção da aprendizagem deve ser bem planejada, estruturada e avaliada.

Sabendo que tanto as redes como as tecnologias digitais já fazem parte do universo da maior parte desse público, o segundo ponto a ser pensado é o da relação do aluno com a utilização dos recursos tecnológicos para a sua aprendizagem. De acordo com Moran (2017), os recursos tecnológicos são importantes para conhecer melhor os alunos, ou seja, seus interesses e expectativas, para criar vínculos entre os pares, com o próprio docente e com os assuntos que serão trabalhados em sala de aula. Nesse sentido, esses espaços podem ser utilizados para incentivar os alunos a aprender,

> (...) disponibilizando materiais interessantes (vídeos, charges, pequenos textos, infográficos, apresentações), pedindo que os estudantes também compartilhem suas descobertas e contribuam com os assuntos que estão sendo tratados. As redes são também importantes para promover discussões sobre temas polêmicos, incentivando a que todos se manifestem. Muitos estudantes mais tímidos costumam participar de forma ativa nestes espaços digitais, às vezes melhor do que numa discussão presencial. As redes podem ser utilizadas também para publicar os projetos, para comentá-los e para

---

5 Sugestão de aplicativos: Edpuzzle, Kahoot, Google Forms.

avaliá-los e também para avaliar os problemas que o mau uso das redes traz como *bullying*, divulgação de visões preconceituosas ou distorcidas ou a excessiva dependência de estar sempre conectado. (MORAN, 2017)

A respeito disso, a relação do aluno com os dispositivos tecnológicos e a sua utilização de forma consciente são aspectos fundamentais para que o processo de ensino aprendizagem que faz uso desses recursos ocorra de forma eficiente.

3.2.1 A importância da Educação Midiática

Conforme discorremos acima, a utilização das tecnologias digitais pelos alunos já é recorrente e faz parte das suas rotinas. Diariamente, aqueles que possuem acesso à Internet consultam suas redes sociais, e-mails e as notícias publicadas nos sites e blogs.

Embora haja, por parte de alguns, o posicionamento de que as crianças e os jovens nascidos no século XXI sejam profundos conhecedores dos ambientes virtuais e dos recursos tecnológicos, as evidências têm demonstrado que eles não adquirem sozinhos as habilidades e as competências necessárias para participar da nova cultura midiática e tecnológica do mundo contemporâneo. A respeito disso, três questões centrais evidenciam a necessidade de ensinar na escola a educação midiática. Segundo Henry Jenkins (apud FERRARI, OCHS E MACHADO, 2020, p. 19), são elas:

> 1. A lacuna da participação: como garantir que todo aluno tenha acesso às experiências e desenvolva as habilidades necessárias para tornar-se um participante pleno do futuro social, cultural, econômico e político da nossa sociedade?

> 2. O problema da transparência: como garantir que todo aluno tenha a habilidade de articular o seu entendimento sobre como a mídia molda e pode mudar nossas percepções do mundo?

> 3. O desafio da ética: como ter certeza de que o estudante aprendeu os padrões éticos emergentes que devem moldar suas práticas ao criar mídias e ao participar de comunidades *online*?

Diante desses desafios, o papel da escola no desenvolvimento das habilidades sociais e das competências culturais nos alunos, tanto no *online* quanto no *off-line*, torna-se fundamental para possibilitar uma convivência e atuação equilibrada na sociedade contemporânea.

Dessa forma, o professor do século XXI deve ter um olhar constante no universo das mídias, observando as suas movimentações e transformações. Consciente desses dados, esse profissional deve analisá-los e criar estratégias para desenvolver possibilidades que capacitem os discentes a gerenciar as informações, consumir conscientemente, criar os conteúdos midiáticos de forma responsável e ter uma participação ativa na sociedade.

Nesse sentido, o que se entende por educação midiática? Segundo o conceito divulgado pelo site Educamídia "(...) trata-se de um conjunto de habilidades para acessar, analisar, criar e participar de maneira crítica do ambiente informacional e midiático em todos os seus formatos – dos impressos aos digitais."

Inserindo-se nesse contexto, a BNCC aborda a educação midiática em duas das suas competências gerais, 5 e 7, que destacam o desenvolvimento que se espera ao longo do Ensino Básico quanto a esse assunto:

Competência 5

> Compreender, utilizar e criar tecnologias digitais de informação e comunicação de forma crítica, significativa, reflexiva e ética nas diversas práticas sociais (incluindo as escolares) para comunicar, acessar e disseminar informações, produzir conhecimentos, resolver problemas e exercer protagonismo e autoria na vida pessoal e coletiva. (BRASIL, 2018, p. 7)

Competência 7

> Argumentar com base em fatos, dados e informações confiáveis, para formular, negociar e defender ideias, pontos de vista e decisões comuns que respeitem e promovam os direitos humanos, a consciência socioambiental e o consumo responsável em âmbito local, regional e global, com posicionamento ético em relação ao cuidado de si mesmo, dos outros e do planeta. (BRASIL, 2018, p. 7)

Observa-se a preocupação em preparar os estudantes para conviverem com o universo tecnológico e midiático que os rodeia. Espera-se que desenvolvam as competências não só de refletir criticamente a respeito da cultura digital (e midiática), mas de incorporá-la às práticas de sala de aula e em seu cotidiano, agindo de forma consciente e responsável. Em vista disso, o desenvolvimento de posturas pedagógicas que estimulem a educação midiática incentivarão a busca e a curadoria de informações, o acesso, a pesquisa, o filtro e a produção no ambiente informacional e midiático, resultando no desenvolvimento das habilidades relacionadas ao pensamento crítico, à comunicação eficiente e ao trabalho em equipe.

CAPÍTULO 4 — A APRENDIZAGEM BASEADA EM PROJETOS NA PRÁTICA

Trabalhar a ABP em sala de aula é muito mais do que aplicar uma metodologia ou simplesmente pretender que os alunos façam um projeto e que, ao final, apresentem um resultado para um problema qualquer. Envolve várias etapas e passos que vão desde o planejamento do professor ou dos professores até a forma de apresentação e quem será o público que a assistirá.

Antes de entrarmos nas características, partes e etapas da ABP, trataremos, primeiramente, da importância de seu planejamento para que o aluno saiba, desde o início, tudo o que se espera, o que e como fazer. Logo, abordaremos o trabalho em grupo, essencial para o desenvolvimento de projetos e que aporta muitas competências e habilidades. Após discorrermos sobre a ABP, discutiremos sobre a avaliação, que deve acontecer em variados momentos ao longo do projeto, e não apenas considerar a apresentação final.

4.1 A IMPORTÂNCIA DO PLANEJAMENTO

Planejar é inerente ao trabalho do professor, o que significa que ele não deve prescindir desse ato. Sua relevância é tamanha que, não raras vezes, leva-se mais tempo para preparar uma aula do que para ministrá-la. Mas você já parou para pensar no quão indispensável é o planejamento para uma boa aula?

Moretto (2014, p. 9) diz que "Determinar com clareza o que queremos alcançar e planejar com eficiência as ações para chegar ao desejado são condições indispensáveis para o sucesso" e que "para abordar uma situação complexa a ser resolvida é necessário iniciar com um bom planejamento".

Nesta primeira etapa, reflete-se sobre os passos que deverão ser seguidos para se ensinar sobre como se dá a relação entre ensino e aprendizagem, as variáveis que envolvem essa ação e o contexto no qual se atua, pois certas particularidades e desafios são encontrados dependendo da escola, da região e do acesso a materiais, entre outras especificidades.

Ainda que se planeje bem uma aula, com passos, caminhos, técnicas, variadas experiências de aprendizagem e ferramentas e materiais diversos, é comum que intercorrências surjam. Estamos lidando com seres humanos e cada um reage de forma diferente ao mesmo estímulo. Portanto, ademais da capacidade de organizar o trabalho do professor, como sugerem Castro, Tucunduva e Arns (2008), o planejamento deve ser suficientemente flexível para essas ocasiões, permitindo, assim, adaptações para personalizá-lo de acordo com nosso público, suas necessidades e desejos. Dessa forma, ao desenharmos uma aula para turmas diferentes, provavelmente tenhamos que refletir sobre suas particularidades para atingi-las, personalizando o ensino.

No entanto, por que planejar? Um dos motivos principais é para termos uma ideia do todo, incluindo os objetivos de aprendizagem, ou seja, o que os alunos serão capazes de fazer ao final daquela aula, sequência de aulas ou projeto, as avaliações que servirão para coletar dados sobre o aprendizado do aluno, dando ao professor um *feedback* sobre o que e como está aprendendo e se é necessário refazer a jornada ou voltar a algum detalhe que não tenha sido compreendido, e o próprio desenho das experiências de aprendizagem, isto é, a forma como o aluno vai

CAPÍTULO 4

aprender. Outros motivos de se planejar incluem ter foco no resultado pretendido, evitar surpresas quanto à disponibilidade de materiais, adiantarmos dificuldades dos alunos e possíveis soluções, evitando tantos transtornos, e não termos improvisos, que podem arruinar a aula.

Já destacamos que o papel dos envolvidos no processo de ensino-aprendizagem mudou nos últimos tempos, muito devido à tecnologia. Ao planejar as aulas e desenhar roteiros, o professor atua como um mentor que guia o aluno por seu processo de conhecimento. Portanto, seu papel é fundamental nesse percurso. Para corroborar com essa ideia, temos a seguinte citação de Moran:

> O papel do professor hoje é muito mais amplo e complexo. Não está centrado só em transmitir informações de uma área específica; ele é principalmente *designer* de roteiros personalizados e grupais de aprendizagem e orientador/mentor de projetos profissionais e vida dos alunos. (BACICH e MORAN, 2018, p. 21)

Quando o planejamento não é adequado ou a preocupação é apenas com o conteúdo e a forma, a atividade docente torna-se sem sentido nem significado.

Libânio (2013) traz 4 itens que considera essenciais ao se planejar as aulas:

- **Objetivos educacionais:** norteiam a prática docente por serem o foco da atividade pedagógica.
- **Conteúdo:** o que o aluno deve aprender nas disciplinas, suas competências e habilidades.
- **Métodos de ensino:** formas ou técnicas para se trabalhar o conteúdo.

- **Avaliação da aula:** mostra se os objetivos foram atingidos e guia o professor na continuação das experiências.

Podemos acrescentar à lista quem é o público para o qual planejamos a aula e os recursos físicos e técnicos dos quais dispomos.

Em resumo, consideramos que com um planejamento com objetivos claros, rotas bem definidas e avaliações para a aprendizagem, o aluno terá muitos benefícios ao adquirir conhecimento. Qual é a relação disso com a ABP? Ao trabalharmos projetos em sala de aula, devemos ter um planejamento de partes e etapas muito definido, claro e objetivo no intento de garantir a compreensão do aluno e a realização do projeto com vistas a como será seu resultado, sem sobressaltos ou problemas maiores.

4.2 O TRABALHO EM GRUPO

"Conviver é uma arte", já dizia o ditado popular. O cidadão do século XXI deve entender isso como ninguém e como nunca antes! Notamos que, em sala de aula, as atividades com colegas têm sido cada vez mais valorizadas e requisitadas pelos professores, que se preocupam com aqueles que não conseguem trabalhar em grupos. Em vários anúncios de emprego, pede-se que o candidato saiba trabalhar em equipe. Não basta ser um bom profissional, deve relacionar-se bem com todos, saber se comunicar, ter escuta ativa, respeitar opiniões e defender as suas através do entendimento e do diálogo, proporcionar um ambiente saudável, combinar e cumprir com combinados, papéis e demais definições para o bem comum e de todos. São muitas competências e habilidades envolvidas e, quando pensamos na utilização das metodologias ativas, o trabalho em grupo é muito poderoso por dar oportunidade para que os alunos construam o conhecimento juntos, dependendo dos resultados que se quer atingir.

Como podemos definir o trabalho em grupo? Segundo Cohen e Lotan (2017, p. 1), trata-se de "alunos trabalhando juntos em grupos pequenos de modo que todos possam participar de uma atividade com tarefas claramente atribuídas" e que vão desempenhá-la sem supervisão do professor, que lhes delega a autoridade de serem responsáveis pelo trabalho e pela entrega. O professor controla o processo por avaliações processuais e do produto final, faz relatórios individuais e os monitora para corrigir os erros que surgirem. É necessária a conscientização de que todos carregam responsabilidades e de que precisam uns dos outros para realizar o que foi proposto. Esse fator talvez provoque o engajamento, uma vez que a interação entre eles é de fundamental importância para que o trabalho ocorra. Ter espaço para conversar com os colegas, ouvi-los, dar opinião, explicar, aprender um com o outro, tomar decisões e resolver problemas juntos estimula a criatividade e a autonomia.

Geralmente, a formação dos grupos que os alunos preferem é aquela que garante que estarão com os amigos ou com quem têm mais afinidade. Entretanto, para variar e para que tenham a oportunidade de trabalhar com pessoas diferentes e se acostumem a isso, é importante que se leve em conta outras formas de composição dos grupos. Podem ser heterogêneos, com alunos com diferentes características, formas de aprender e ideias, levando ao aprendizado por partilharem diferenças, ou homogêneos, todos com nível de aproveitamento igual ou bem semelhante. É essencial combinar com os alunos como será feita sua divisão nos grupos e explicar a razão e os objetivos para que não haja rejeição ou resistência.

Um projeto baseado em ABP tem como uma das chaves principais o trabalho em grupo. Dentro de uma turma, pode haver a divisão dos alunos em dois ou mais grupos. A pesquisa pode ser a mesma, esperando-se que, logicamente, os resultados, formatos, soluções e abordagens sejam diferentes ou que, até mesmo, pesquisem aspectos diferentes dentro de um tema. No entanto, cada aluno, dentro de seu grupo, vai desempenhar um papel diferente. Isso não quer dizer que não vai participar da pesquisa e de que não haverá envolvimento com as outras partes e etapas, mas que cada um terá responsabilidade por alguma parte com a qual mais se identifique. Variados são os papéis, que dependem dos objetivos de aprendizagem, da quantidade de participantes, do tempo, entre outros, e, aqui, apresentamos alguns:

- *Facilitador*: verifica as dúvidas do grupo e procura respostas.
- *Mediador*: intermedeia as conversas, dando voz a que todos participem, sejam ouvidos e respeitados.
- *Relator*: registra tudo o que é necessário, desde os combinados até os relatórios, e reporta quando requisitado.
- *Organizador*: responsabiliza-se pelo material e para que nada falte para a realização das tarefas.
- *Controlador*: controla o tempo e prazos, cobra entregas.

Outras divisões e configurações de grupos podem ser feitas.

4.3 CARACTERÍSTICAS E ETAPAS DA ABP

Já mencionamos que a ABP precisa de um bom planejamento. Quando se trata de uma aprendizagem que se baseia em projetos, há toda uma organização necessária: objetivos de aprendizagem, avaliações, alunos e seus grupos, o que e como cada um vai fazer, prazos, produtos, apresentações etc. É imprescindível que todos os passos sejam bem pensados e que essa organização fique clara para a equipe de professores envolvida no projeto e alunos desde o início. Como já sabemos, imprevistos podem acontecer e flexibilidade é um fator indispensável para que não haja prejuízos no andamento do projeto. Contudo, programar é um dos princípios do sucesso.

Partiremos, agora, para a identificação das características e etapas da ABP. Vamos entender o que é importante, o que temos que prever e a organização do projeto. Em seguida, vamos nos ocupar da avaliação. Ao lidarmos com uma Metodologia Ativa, não podemos incorrer no erro de termos uma prova final, uma avaliação sem significado ou a não valorização do processo de aprendizagem, com todas as suas partes, etapas e desenvolvimento de competências e habilidades.

4.3.1 Características da ABP

A Aprendizagem Baseada em Projetos distingue-se de um projeto por apresentar algumas características ou aspectos particulares. Enquanto a primeira é um processo com etapas que vão desde a formatação do problema até sua resolução, o projeto é um tema a ser investigado sem um processo tão definido ou com outros passos que não os previstos na ABP. Essas características podem variar dependendo da realidade onde está inserida.

Antes de apontarmos as características, abordaremos uma primeira parte do planejamento. Temos que determinar quais são os objetivos de aprendizagem. É como se estivéssemos começando do final ao estabelecermos o resultado pretendido. Referem-se ao que os alunos serão capazes de fazer ao final desse processo de aprendizagem. Os objetivos de aprendizagem podem ser, por exemplo:

- Identificar problemas que a região onde a escola se localiza apresenta.
- Analisar possíveis soluções para problemas semelhantes.
- Investigar locais que já tenham tido o mesmo problema e quais soluções foram dadas.
- Planejar uma ação social para conscientização do problema.
- Desenvolver a fluência oral em língua inglesa.

Supondo que a região onde a escola se localiza tenha alguns problemas relacionados a inundações, o aluno pode ser motivado a buscar soluções para minimizá-los ou exterminá-los.

Para saber mais

A Taxonomia de Bloom é uma teoria que tem sido extensamente utilizada para pensar e construir os objetivos de aprendizagem. Desenvolvida pelo pedagogo e psicólogo norte-americano Benjamin Bloom (1913-1999) no ano de 1956, sua taxonomia de objetos educacionais auxilia no planejamento de aulas levando em conta uma hierarquia, com novas habilidades que são aprimoradas após cada experiência educacional. Ao compreender os objetivos mais básicos ou inferiores, vão progredindo para compreender os mais avançados ou superiores. Dessa forma, antes de criar um produto, o aluno já vai

> ter passado por algumas etapas, como reconhecer, identificar, explicar, analisar, comparar, entre outras. A taxonomia tem sido questionada por alguns estudiosos que afirmam que ENTENDER, o primeiro nível, é muito mais profundo do que o proposto por Bloom. Porém, para este estudo, ela se mostra adequada.
>
> Para conhecer mais sobre a Taxonomia de Bloom, acesse o artigo Taxonomia de Bloom: revisão teórica e apresentação das adequações do instrumento para definição de objetivos instrucionais, de Ana Paula do Carmo Marcheti Ferraz e Renato Vairo Belhot, que apresenta a taxonomia e algumas mudanças feitas por psicólogos e pessoas ligadas à educação no ano de 2001:
>
> https://www.scielo.br/j/gp/a/bRkFgcJgbGCDp3HjQgFdgBm/?format=pdf&lang=pt.

O próximo passo do planejamento é estabelecer as avaliações. Em quais momentos haverá coleta de dados para que o professor entenda se os objetivos de aprendizagem estão sendo satisfeitos, se deve refazer as experiências de aprendizagem e/ou acrescentar algo? É como se fosse um *feedback* do seu trabalho e das necessidades e desejos dos alunos.

Depois de definirmos os objetivos de aprendizagem e as avaliações, chegamos ao planejamento da ABP em si. Veremos as características propostas por Bender (2014), utilizadas por nós por dois motivos: apresentam uma organização simples e mostram-se bastante adequadas ao nosso público, ainda que, dependendo de objetivos, contextos e realidades, possam ser adaptadas com a inclusão ou remoção de aspectos. Vejamos quais são:

Âncora

Refere-se à introdução ao projeto feita para os alunos. Sua grande serventia é chamar a atenção para que se interessem e sintam-se motivados a participar do projeto ou a encontrar uma solução para o problema. Pode ser um vídeo, um filme, um episódio de uma série, uma história, um artigo, uma foto ou imagem, correspondências, um e-mail, qualquer material que cause impacto. Outro fator elementar é que esse material seja autêntico, não produzido para a sala de aula.

Para começar um projeto sobre meio ambiente, por exemplo, pode-se trazer um dos vídeos da série *Life after people* (*Vida após as pessoas*, tradução livre), do canal *History Channel* e disponível no *YouTube*, que mostra o que aconteceria ao planeta Terra se os humanos desaparecessem. Após o vídeo, um debate ocorreria e variados temas viriam à tona: animais, poluição, edifícios e tantos outros. Apoiado nesse contexto, o professor inseriria o tema.

Outro exemplo refere-se à âncora de um projeto sobre imigração e identidade cultural realizado na disciplina de *Language Arts* (Inglês) com alunos do 1º ano do Ensino Médio. A âncora foi um painel semântico sobre a história da família de cada um, produzido individualmente. A imagem apresentada abaixo foi o modelo para que os alunos pudessem pensar em seus próprios painéis. Após a explicação do que cada imagem representava e de como se relacionavam ao tema do projeto, começaram a desenvolvê-los. Podiam escolher a plataforma, as imagens e consultar familiares:

CAPÍTULO 4 65

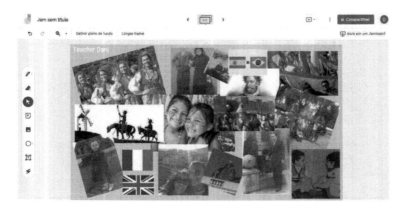

(Acervo pessoal da professora Danielle Toledo Pereira)

Foram três aulas entre o desenvolvimento dos painéis e as apresentações, que serviram de grande motivação para o restante do projeto.

Uma âncora pode, e talvez deva, ser mais curta, mas, nesse caso, resolveu-se trabalhar com a história de cada um para encorajar as discussões que se seguiram.

Questão motriz

É a pergunta que dará origem a tudo. Deve ser boa o suficiente para chamar a atenção dos alunos e pensarem que vai valer a pena fazer a pesquisa. O cuidado é que não seja algo respondido por um site de buscas, o que desestimula e traz um resultado com respostas prontas e clichês, sem a exigência de uma pesquisa, ponto chave e propósito da ABP. Perguntas como "De que forma podemos resolver o problema da falta de água na Cidade de São Paulo?" não auxiliam no processo de pesquisa eficaz. Ao procurar, encontramos respostas. Os melhores tipos de perguntas são os que dão margem a uma pesquisa dentro de um contexto determinado, próximo do aluno e que lhe afeta de alguma forma:

> "Como podemos melhorar a qualidade dos produtos na lanchonete da escola?"
>
> "Como resolver o problema da quantidade de lixo na praça em frente à escola?"

Observe que há um elemento nas duas perguntas que aproxima o aluno de sua realidade. Por serem produtos de baixa qualidade, ele não compra na lanchonete, o que pode acarretar despender mais tempo para os pais ou para ele ir ao supermercado. Na segunda pergunta, o fato de haver lixo tão perto da escola pode afetá-lo pela quantidade de mosquitos ou outros animais, trazer danos às plantas e flores, além da conscientização das pessoas do local e da própria comunidade escolar no cuidado do ambiente que as cerca.

A questão motriz pode ser criada pelo professor, que já dá o direcionamento para se aproximar aos objetivos de aprendizagem que o aluno deve atingir ao final do projeto, ou pelos alunos, que apresentariam o que acham relevante investigar. Em ambos os casos, a âncora auxilia, uma vez que pode gerar ideias. E, juntas, a âncora e a questão motriz são potentes para despertar a atenção do jovem na resolução de problemas e dar o tom do projeto.

Indica-se que nesse processo da questão motriz, e em outras partes quando se sentir falta de um direcionamento, seja feito um *brainstoming* para identificar e priorizar a importância de questões específicas, ademais de outras que podem surgir.

Trabalho em equipe

Já mencionamos a importância do trabalho em grupo para a ABP. Os alunos, em grupos, dividem-se para a realização de todas as tarefas que um projeto envolve, trabalham coletivamente para chegar a uma resolução do problema apresentado, ouvem-se, avaliam uns aos outros, os grupos se falam e trocam impressões, dão *feedback* e desenvolvem a empatia, o pensamento crítico, as trocas de ideias para aprenderem juntos.

Investigação e inovação

Para fazer a pesquisa, a questão motriz deve ser mais detalhada, ou seja, outras perguntas menores são exigidas para se especificar mais e dar direcionamento ao projeto. Bender (2014, p. 49) diz que "Na ABP, a ênfase na investigação começa com uma questão motriz e continua conforme os alunos, em seu primeiro dia, refletem sobre a questão, discutem-na e geram questões adicionais". Diante da pergunta **"Como resolver o problema da quantidade de lixo na praça em frente à escola?"**, outras serão feitas:

> "Quem frequenta a praça? São essas pessoas que a sujam ou são pedestres que passam e não moram no local?"
>
> "Que perguntas podemos fazer aos moradores e à comunidade escolar sobre o problema?"
>
> "Há lixeiras suficientes? Em caso negativo, quem devemos acessar para resolver esse problema?"
>
> "De que forma o poder público pode nos auxiliar?"

Veja que são perguntas originárias da questão motriz. O professor contribui com os alunos ao fazê-los ir além, ao incentivá-los a ampliar, ir mais profundamente para pesquisar o tema que é de seu interesse.

Enfatiza-se, igualmente, o papel de cada um dos agentes na ABP. Enquanto o aluno é o grande responsável pela investigação, o professor é o facilitador, aquele que trabalhará com os grupos de forma muito individualizada, estimulando a reflexão, orientando nos passos a seguir e dando autonomia para avançar e criar.

Oportunidades para reflexão

Um dos pontos mais importantes dentro do aprendizado é a reflexão. A partir do momento em que os agentes têm condições de observar, refletir, interpretar e compartilhar, há oportunidade de avaliar o processo, propor mudanças e entender como se dá sua aprendizagem, o que já sabem, o que ainda devem aprender e têm curiosidade de seguir estudando. Isso está totalmente relacionado às Metodologias Ativas.

Os alunos devem ser expostos a momentos de reflexão tanto individuais, quando avaliam sua participação, seu aprendizado, o que podem fazer para melhorar o desempenho do grupo, sua relação com os colegas, quanto em grupo para que, juntos, ouçam, falem e se fortaleçam. As reflexões podem ser escritas em diários, que vão ajudar a construir um histórico do projeto. Registram-se as ideias, as dúvidas, o que devem fazer, os sentimentos e o que mais acharem necessário. Por esses escritos, pode-se fazer uma apresentação final em formato de *storytelling*, contando desde o início até o fim do processo, com detalhes.

Processo de investigação

Para o processo de pesquisa, assim como a criação de artefatos, é indicado que se faça um planejamento com datas, o que deve ser feito, por quem e qual o resultado esperado. Isso oferece um controle do tempo, de prazos e evitam-se surpresas sobre algo que deveria ter sido feito e não foi. Indica-se que seja revisado de tempos em tempos, pois novos elementos e necessidades podem surgir. Há variadas ferramentas que podem ser utilizadas, como o *Kanban*, que pode ser feito com o uso de aplicativos e ferramentas, como Word, Excel, Trello[6] ou de uma folha de papel e *post-its*. Veja o exemplo a seguir:

A FAZER	FAZENDO	FEITO
		Cronograma – Maria (05/06)
Forms para coletar opiniões dos alunos sobre os produtos vendidos na lanchonete da escola – João (até 07/06)		
	Conversar com a direção da escola sobre uma pesquisa de satisfação dos alunos quanto à lanchonete – Pedro (até 06/06)	
Aplicação do Forms para todos os alunos do colégio – Sofia (de 08/06 a 15/06)		

Todos os itens a serem feitos devem ser listados na primeira coluna, A FAZER. Ao se dar início a cada um, move-se para a coluna FAZENDO e, ao terminar, para a última, FEITO. De acordo com a necessidade, a característica do projeto ou do grupo, outros itens podem ser acrescentados. Esse método ajuda na visualização do andamento da pesquisa e facilita o trabalho do professor, pois terá como base algo concreto para

---

6 https://trello.com/pt-BR

ajudar o grupo que estiver com problemas, cuja pesquisa não estiver evoluindo ou caso haja qualquer outra questão.

Na fase de pesquisa, vários procedimentos, métodos, metodologias e recursos são utilizados pelos professores. Isso se vincula às necessidades dos alunos e à estruturação que se oferece para guiar seu trabalho. Entre esses itens, temos vídeos, laboratórios para demonstrar algo, aulas expositivas, mini lições (instruções estruturadas e curtas que o professor ou os alunos podem oferecer ao grupo de acordo com as demandas que forem surgindo e por requisição de alunos), palestras, avaliações, registros, pesquisas na Internet, discussões em grupo, divisão de tarefas específicas e desenvolvimento de uma linha do tempo.

Feedback e revisão

O *feedback* deve ser proporcionado pelas pequenas avaliações feitas durante o processo, tendo caráter formativo. Dessa forma, após coletar dados, revisa-se o que está programado e resolve-se o que for preciso para a continuidade do projeto.

Essa coleta de evidências pode ser feita por meio de uma conversa, uma rotina de pensamento (o que você já sabia, o que aprendeu e o que acha que precisa pesquisar mais, por exemplo), pela entrega de um parágrafo com a descrição do que foi feito e do que sabe ou, até mesmo, pela entrega de um relatório ao professor. Outra forma é uma rubrica com critérios e o que foi desenvolvido em cada um deles.

Ao final do projeto baseado em ABP, temos uma avaliação, que considera o resultado advindo do todo realizado durante o processo. É a avaliação somativa.

No item 4.4, exploraremos as rotinas de pensamento e as rubricas, que são parte integrante de ambas as avaliações.

Resultados apresentados publicamente

É muito comum que, ao final de um projeto, haja uma apresentação mais formal, o que causa excitação, nervosismo e, muitas vezes, certo bloqueio nos alunos. Essa forma de mostrar resultados nem sempre condiz com a realidade, ou seja, com o tipo de apresentação que se faz fora do contexto escolar. Por que não trazer outras maneiras de expressar o que aprenderam e a quais produtos chegaram? Por que não transformá-las em algo mais agradável para eles, alunos, e para quem assiste? Afinal, ninguém gosta de apresentações baseadas em slides e mais slides que, talvez, nem precisassem de muitas explicações dos grupos. O formato pode e deve ser aquele que o grupo mais se sente à vontade para apresentar. Entre os mais comuns, temos: teatros, debates, vídeos, *storytelling*, slides interativos, músicas, criação de alguma rede social para divulgar resultados, exposição de imagens ou fotos, *stories* etc. Vale conversar com cada grupo para alinhar os desejos e as expectativas.

Outro ponto crucial é o público para quem serão apresentados os resultados. Geralmente, é para a própria turma de alunos. Porém, podem ser incluídas outras salas, pais, funcionários da escola ou alguma comunidade específica. Ao se apresentar um trabalho, por que não chamar um especialista para discuti-lo ou avaliá-lo como, por exemplo, um nutricionista no caso de um estudo a respeito de nutrientes nos alimentos?

Os veículos para a divulgação dos projetos também podem ser pensados: redes sociais, blogs, sites, site da própria escola, YouTube... Tudo, logicamente, deve ser avaliado de acordo com as possibilidades e devidas autorizações para a escola e seguindo leis e regras.

Voz e escolha do aluno

Um dos princípios chave das Metodologias Ativas é que o aluno tenha voz e faça escolhas para que sua aprendizagem seja mais consistente e conveniente a suas necessidades, desejos e lacunas. Logicamente, há certas particularidades que serão decididas pelos professores. Entretanto, o aluno deve carregar a responsabilidade por suas escolhas e decisões em partes e momentos previamente definidos pelo(s) professor(es).

Segundo Bender (2014), defensores da ABP dizem que o fato de o aluno escolher as questões a serem abordadas e as atividades a serem realizadas é o componente mais importante, pois é uma forma de garantir sua participação ativa.

Ter voz ativa ajuda no amadurecimento da escuta ativa. Se eu quero e tenho direito de falar, também tenho que estar aberto a ouvir, ainda que seja algo com o qual não concorde. Esse ato envolve outras habilidades e conhecimentos, como negociar, argumentar, enxergar outras perspectivas e ampliar o repertório.

Num projeto, em todas as etapas, há oportunidade de dar opinião. O aluno pode ajudar o professor a escolher a questão motriz e, diante dela, propor um foco em seu trabalho utilizando perguntas mais específicas; escolher seu grupo de trabalho, tendo em mente os objetivos que se quer atingir; conversar com seu grupo e com o professor sobre problemas, questões ou como anda seu projeto; escolher o formato da apresentação ou quem será seu público. As escolhas não devem ser deliberadas, mas feitas em parceria dentro do grupo, com o(s) professor(es) e, também, com a turma toda, e considerando idade, experiência em participação de ABP, maturidade da turma, tema, entre outras particularidades.

A essa lista, acrescentamos dois itens que são essenciais quando nos referimos à ABP. O primeiro é o conteúdo. Muitos professores acreditam que tem que ser algo novo, diferente e dissociado do conteúdo a ser dado em sala de aula e previsto pelo livro ou pelo currículo da escola. Isso é uma inverdade. Os conteúdos das disciplinas devem ser considerados e contemplados. O desenvolvimento de competências e habilidades pode ser feito com qualquer tema, desde que a escolha de estratégias, ferramentas e recursos seja adequada ao contexto em que se atua. Sendo assim, unir os objetos de conhecimento a essa Metodologia Ativa é muito profícuo.

O segundo item é a escolha do tema. Há um assunto geral que deve ser tratado. A partir dele, os alunos, em seus grupos, definem o que gostariam de pesquisar mais profundamente sobre ele. O mais importante é que esse problema seja real, esteja relacionado à sua vivência e, por meio de seu estudo, chegue-se a uma solução plausível e que tenha a perspectiva de ser aplicada para resolver problemas para certa comunidade. Talvez esse seja o item mais engajador. Ao vislumbrar a aplicação para a resolução de algo, os alunos veem significado naquilo que estão estudando. Entender e ajudar aumentam nossa sensação de competência e de pertencimento.

Dependendo do contexto, outras características podem surgir. Isso não significa que a ABP tenha sido distorcida, mas que tenha aspectos diferenciados e mais condizentes com a realidade e a demanda da instituição de ensino.

Todas as características da ABP remetem a problemas reais que os alunos podem enfrentar ao longo de sua vida. Em vista disso, ter a oportunidade de vivenciar desde sua criação até sua resolução, passando por cada passo e detalhe, certamente, auxilia-os na sua preparação para enfrentar adversidades que a vida pode apresentar. Não se trata apenas de seguir protocolos, mas de adquirir habilidades, competências e saberes que serão cobrados ao longo da sua existência.

4.3.2 Etapas da ABP

De acordo com as características que você der à ABP, ela terá etapas a serem seguidas. No entanto, algumas são comuns e, até, obrigatórias. Seguem a seguir com uma breve explicação:

Planejamento

É primordial que os professores façam reuniões de planejamento do projeto com ABP. Sabe-se que as escolas têm reuniões semanais, mas muitos são os temas tratados e, algumas vezes, os projetos acabam ficando de lado. Enquanto as instituições e os profissionais da educação não entenderem que as reuniões devem ser mais efetivas e em prol dos alunos, não sobre processos burocráticos que se resolveriam por e-mail, os projetos serão relegados e discutidos em intervalos e horários não apropriados. A quantidade e qualidade de aprendizados que os projetos trazem são imensas e devem ser garantidos momentos de encontros entre os membros da equipe pedagógica responsável para que o planejamento seja bem feito.

Quanto ao planejamento com os alunos, deve-se estabelecer a âncora, a questão motriz e as questões específicas, dividi-los em grupos, repartir tarefas e estabelecer objetivos e linhas do tempo.

Pesquisa inicial

É a fase da coleta de dados, da pesquisa inicial, com entrevistas, questionários, decisão sobre foco e fontes, mini lições, entre outros que podem servir para reunir informações.

Artefatos e apresentação

Pode-se criar um *storyboard* com uma representação de todas as etapas do processo do projeto, com ilustrações e partes do que se vai desenvolver. Dessa forma, tem-se uma apresentação visual, que facilita na compreensão do que vai acontecer. Faz-se o protótipo do que será feito com uma avaliação.

Segunda fase da pesquisa

Afina-se a pesquisa, com busca de informações mais completas e adicionais. Há mini lições sobre tópicos mais específicos. Revisam-se os protótipos e o *storyboard*. Essa fase é a de ampliação e refinamento de dados.

Apresentação final

Há uma revisão geral de tudo o que foi feito para que se comece a desenvolver a apresentação final, pensada para o público-alvo. É o início da fase criativa, com escrita, realização de vídeo, arte, entre outros. A apresentação é planejada de acordo com o que foi decidido anteriormente.

Publicação

Faz-se uma avaliação dos projetos antes de sua publicação. Há várias modalidades, entre elas, dentro do próprio grupo, entre grupos e pelos professores. A partir de então, publica-se.

4.4 A AVALIAÇÃO NA ABP

Como lidamos aqui com uma Metodologia Ativa de duração média ou longa, a ABP, a avaliação deve ser formativa, ao longo do processo, e ao final, com a apresentação dos resultados. As duas complementam-se, mas servem a objetivos diferentes. A primeira vai adequando o processo de aprendizagem às necessidades dos alunos e às decisões tomadas no planejamento. Seu objetivo é analisar o que foi absorvido para que o professor tenha base para planejar as próximas aulas e proporcionar experiências de aprendizagem que ajudem os alunos a aprender. Hadji (2001, p. 20) diz que ela conduz "a um ajuste ensino/aprendizagem". É como um guia para que o professor tenha e faça um *feedback* aos alunos, auxiliando-os a refletir sobre seu processo de aprendizagem, e repense o percurso imaginado inicialmente. A segunda avalia o resultado final, ou seja, se o que se delineou no início e durante o projeto, teve o resultado esperado. É a tão famosa prova que ocorre no final do processo e que verifica se os estudantes aprenderam ou atingiram os objetivos de aprendizagem propostos no início. Segundo Hadji (2001, p. 19), através dela, "faz-se um balanço das aquisições no final da formação, com vistas a expedir, ou não, o 'certificado' de formação" e ela é "sempre terminal, é mais global e refere-se a tarefas socialmente significativas".

Para auxiliar na avaliação formativa, pode-se contar com duas ferramentas ou instrumentos muito úteis e poderosos, as rubricas e as rotinas de pensamento, explicitadas abaixo. Ambas são muito apropriadas por serem viáveis durante vários momentos do processo de aprendizagem e disponibilizarem resultados imediatos e que permitem a reflexão do aluno.

Seguimos com considerações sobre cada uma delas.

4.4.1 Rubricas

As rubricas são uma das formas mais comuns e efetivas de avaliação durante e após a instrução com a utilização de metodologias ativas. Esse instrumento indica quais são as expectativas relacionadas ao conteúdo, às atitudes e comportamentos ao se realizar uma tarefa mais complexa ou um projeto. Por meio da coleta de dados, que geram evidências de aprendizado, observa-se se os processos realizados pelos alunos são condizentes com o que se espera. Geralmente em formato de tabela, dispõem-se elementos como a descrição da tarefa, o que será avaliado, os níveis de desempenho que, na maioria das vezes, são quatro, e sua descrição. É uma forma simples e visível do aluno ter um guia de como deve proceder e reconhecer os critérios que serão considerados em sua avaliação. Não há surpresas, pois já sabe, desde o início, o que se espera dele.

Esse instrumento viabiliza ajustes durante o estudo, dando ao aluno a vantagem de refletir, errar, refletir novamente, refazer e, finalmente, encontrar um caminho e acertar, ajudando-o a se preparar melhor para qualquer desafio. Funciona, de igual forma, como um *feedback* para o professor, que pode utilizar a ferramenta para refazer a jornada de aprendizado personalizando, assim, o ensino.

Veja um exemplo de rubrica para uma proposta de apresentação dos resultados de um projeto:

	Superou	Atendeu	Atendeu parcialmente	Não atendeu
Tema	O tema está claro e condiz com a proposta de projeto e da questão motriz. O aluno tem a oportunidade de demonstrar o que aprendeu, domina a temática e é capaz de se comunicar sobre o tema de forma eficaz.	O tema está claro e condiz com a proposta de projeto e da questão motriz. O aluno tem a oportunidade de demonstrar o que aprendeu, domina a temática, mas não é capaz de se comunicar sobre o tema de forma eficaz.	O tema está claro e condiz com a proposta de projeto e da questão motriz. O aluno tem a oportunidade de demonstrar o que aprendeu, mas não domina a temática nem é capaz de se comunicar sobre o tema de forma eficaz.	O tema não está claro e não condiz com a proposta de projeto e da questão motriz. O aluno tem a oportunidade de demonstrar o que aprendeu, mas não domina a temática nem é capaz de se comunicar sobre o tema de forma eficaz.
Objetivos de aprendizagem	Há pelo menos 3 objetivos claros sobre o que o aluno será capaz de fazer ao final do processo de aprendizagem e eles se relacionam ao projeto e à questão motriz.	Há pelo menos 1 objetivo claro sobre o que o aluno será capaz de fazer ao final do processo de aprendizagem e ele se relaciona ao projeto ou à questão motriz.	Há pelo menos 1 objetivo claro sobre o que o aluno será capaz de fazer ao final do processo de aprendizagem, mas ele não se relaciona ao projeto ou à questão motriz.	Não há nenhum objetivo claro em relação ao que o aluno será capaz de fazer ao final do processo de aprendizagem nem sua relação com o projeto e a questão motriz.
Estrutura da apresentação	Nota-se uma estrutura clara com começo, meio e fim e compreensão total do que se apresenta. Há teoria, exemplos e explicações complementares que fazem o público-alvo entender sobre o processo de construção do projeto, seu problema e resolução.	Nota-se uma estrutura clara com começo, meio e fim e compreensão do que se apresenta. Há teoria, exemplos e explicações complementares que fazem o público-alvo entender sobre o processo de construção do projeto, seu problema e resolução.	Nota-se que há uma estrutura com começo, meio e fim e compreensão do que se apresenta, mas nada de forma muito clara. Há teoria, exemplos e explicações complementares que fazem o público-alvo entender parcialmente sobre o processo de construção do projeto, seu problema e resolução.	Não há uma estrutura com começo, meio e fim e compreensão do que se apresenta, nada está muito claro. Há teoria, exemplos e explicações complementares, mas o público-alvo não entende sua utilização.
Trabalho em grupo	O grupo trabalhou de forma integrada, com construção conjunta, compartilhamento de ideias, dúvidas e questões surgidas durante o processo.	O grupo trabalhou de forma integrada, mas nem todos compartilharam ideias, dúvidas e questões surgidas durante o processo.	O grupo trabalhou parcialmente de forma integrada, nem todos compartilharam ideias, dúvidas e questões surgidas durante o processo.	O grupo não trabalhou de forma integrada, não houve compartilhamento de ideias, dúvidas e questões surgidas durante o processo.

A rubrica divide-se em duas partes. Na superior, temos quatro níveis de qualidade, os quais, geralmente, são colocados em ordem decrescente. Na lateral, à esquerda, são apresentados os critérios a serem avaliados e sua descrição detalhada, com o que é necessário para o aluno entender tudo da melhor forma possível. A opção de se colocar nomes, como o exemplo acima, números que seriam transformados em notas ou *emojis* e imagens representativas é do professor e do tipo de atividade ou objetivo de aprendizagem que se pretende desenvolver. No entanto, a ideia principal é que a rubrica seja utilizada como um guia para o aluno e que não haja conversão para nota, embora possa ocorrer, sendo uma avaliação formativa.

Sugere-se que as rubricas sejam construídas com o auxílio dos alunos. Em muitas situações, dão importância a certos elementos que não analisamos muito bem, mas que representam muito para eles dentro daquele contexto de estudo. Outra sugestão é que não sejam muito extensas. Quatro ou cinco critérios são mais que suficientes para se analisar um trabalho ou um projeto. Isso porque devemos focar nos objetivos de aprendizagem e nas competências e habilidades que devem desenvolver e porque é impossível aperfeiçoar de forma efetiva mais critérios.

Vale ressaltar que seu uso pode e deve ser feito em atividades mais complexas de todos os segmentos e componentes curriculares. O emprego constante estimula no aluno a autonomia por buscar a qualidade no que faz, além de guiá-lo no processo do conhecimento.

4.4.2 Rotinas de pensamento

Você já ouviu falar sobre Aprendizagem Visível? Caso ainda não, indicamos que se inteire sobre um dos assuntos que mais têm sido estudados por sua efetividade em sala de aula e por trazer à luz o pensamento do aluno, razão pela qual serve tanto para mostrar como o desenvolve quanto para dar um *feedback* ao professor sobre seu aprendizado.

Trata-se de entender o processo de ensino e aprendizagem, ou seja, o professor sabe o que está ensinando, ainda que tenha que rever sua atuação e o que faz para melhorar a compreensão do aluno, e o discente sabe o que está aprendendo, pois passa por momentos de reflexão para entender o que e como aprende. Além deles, outros indivíduos envolvidos no processo de ensino e aprendizagem, como funcionários da escola, pais e gestores, também fazem parte da reflexão.

Na década de 1960, educadores da Faculdade de Educação da Universidade de Harvard vêm se dedicando ao estudo da inteligência, do pensamento e da aprendizagem em um projeto chamado *Project Zero*, cujo desafio é pensar nas adversidades da educação, principalmente a respeito do acesso ao ensino por alunos diversos, do desenvolvimento de competências e de habilidades do século XXI e da forma como os professores identificam e desenvolvem a capacidade intelectual dos alunos, e na personalização do ensino. Os estudos levaram à necessidade de se auxiliar os professores com a elaboração de produtos, dando início, assim, à criação das rotinas de pensamento. No começo, foram pensadas para o ensino de Artes, mas, com o tempo, notou-se que qualquer área do conhecimento poderia fazer uso delas de forma proveitosa e eficaz.

Mas o que são as rotinas de pensamento? Segundo Ritchhart, Church e Morrison (2011) são estratégias, ferramentas ou padrões de comportamento curtos e fáceis de se aprender que podem ser utilizados em todas as aulas de qualquer disciplina, segmento e idade. O nome, rotinas de pensamento, advém da ideia de que, se usadas repetida e constantemente, têm a capacidade de criar os chamados hábitos mentais e facilitar a organização do pensamento do aluno. Têm a característica de serem levadas para a vida real, sendo seu uso muito mais extenso do que apenas dentro da sala de aula. Essa é a razão pela qual se conecta ao *lifelong learning*, o aprendizado contínuo, autônomo e necessário em vários momentos na obtenção de algum saber.

Entre os principais benefícios de se trabalhar com as rotinas, temos: o engajamento do aluno, que passa a ser mais participativo por conseguir fazer exercícios simples e estruturados; a valorização de suas ideias por não haver certo e errado; o compartilhamento de seu conhecimento e de sua opinião; e a escuta ativa. Todas essas vantagens já foram discutidas neste material e fazem parte das Metodologias Ativas e, consequentemente, da Aprendizagem Baseada em Projetos.

Há rotinas para todos os momentos da aula e, muitas delas, podem ser utilizadas em vários momentos. Funcionam para introduzir e explorar ideias, sintetizar e organizá-las ou aprofundá-las. Portanto, dizemos que servem para o começo, o meio e o fim da aula, para uma atividade, sequência de aulas, projeto, módulo ou curso.

Para saber mais

O *Project Zero* fez uma matriz com algumas rotinas e seu(s) objetivo(s) e observações. Está em inglês e algumas podem ser encontradas em espanhol no site http://www.pz.harvard.edu/. Consulte o QR code

Vamos conhecer algumas rotinas que se encaixam muito bem quando tratamos de ABP. As cinco apresentadas foram utilizadas e validadas por nós. Colocamos o nome da rotina, seu objetivo, como utilizá-la e alguma observação. Os nomes foram conservados como no original, em inglês, mas apresentam sua tradução ao lado:

**Rotina 1 - *Sentence – Phase – Word*
(Frase – Expressão – Palavra)**

Objetivo:

Capturar o que é essencial, justificar escolhas e refletir sobre elas.

Passos:

1. Ler o texto ou assistir ao vídeo.
2. Identificar uma **frase** significativa e que tenha ajudado a aprofundar a compreensão; uma **expressão** motivadora, engajadora ou significativa; uma **palavra** que tenha chamado a atenção ou poderosa. As respostas serão diferentes e é importante salientar que não há certo ou errado.
3. Em grupos, compartilhar, justificar e registrar as escolhas.
4. Voltar aos registros, identificar temas comuns e aspectos não representados.
5. Postar a documentação de todos os participantes dos grupos e refletir sobre seu entendimento do texto e de que forma a rotina contribuiu para isso.

Observação:

Pode ser usada na âncora ou na pesquisa de ABP.

**Rotina 2 - *I used to think..., Now I think*
(Eu achava que..., agora, acho que...)**

Objetivo:

Refletir acerca do que achava sobre o tema e explorar como e por que a ideia mudou.

Passos:

1. Refletir individualmente sobre seu pensamento acerca de um tema e identificar como suas ideias se desenvolveram com o passar do tempo.
2. Anotar o que costumava pensar sobre ele e, em seguida, sobre o que pensa agora, depois de ter estudado, refletido e discutido.
3. Compartilhar suas ideias em grupos menores.

Observação:

Por meio desta rotina, o professor também recebe *feedback* do aprendizado do aluno para redesenhar experiências de aprendizagem ou retomar o tópico estudado caso necessário. Utiliza-se na fase da pesquisa ou ao final do projeto para que repense sua trajetória.

Rotina 3 - *See - Think - Wonder*
(Vejo, Penso, Pergunto-me)

Objetivo:

Observar imagem, texto, objeto, vídeo etc. mais pausada e detalhadamente.

Passos:

1. Observar o objeto de estudo por 2 ou 3 minutos e analisar silenciosamente.
2. Responder o que veem. Não há interpretações nesse momento, apenas uma descrição detalhada. Após 2 ou 3 minutos de reflexão individual, compartilhar respostas.
3. Responder o que pensam. Fazer interpretações sobre o que veem e o que está acontecendo. Após 2 ou 3 minutos, compartilhar as observações.
4. Responder que questões surgem quando olham para o objeto e pensam sobre ele, suas curiosidades e perguntas sobre o que não está explicado nem é óbvio. Compartilhar ideias 2 ou 3 minutos depois.

Observação:

Utiliza-se no início de um estudo para gerar interesse sobre o tema e levantar questões que serão esclarecidas depois. Porém, pode ser utilizada em qualquer outro momento, como em um projeto, para aprofundar as questões.

Rotina 4 - *What makes you say that?* (O que faz você dizer isso? Por que você diz isso?)

Objetivo:

Auxiliar o aluno a identificar a base de seu pensamento ao levantar evidências.

Passos:

Responder essa pergunta em variados momentos para procurar e gerar evidências.

1. Repetir a pergunta "O que faz você dizer isso?" constantemente para justificar as respostas dadas.

Observação:

Pode e deve ser usada com outras rotinas para que o aluno se acostume a dar justificativas ou argumentar. Deve vir em todas as partes de uma aula, trabalho ou projeto.

Rotina 5 - *Compass Points* (Bússola)

Objetivo:

Considerar ideias sob diferentes ângulos e perspectivas identificando áreas que precisam de mais informação, o que o motivou, o que causa preocupação e próximos passos.

Passos:

1. Individualmente ou em grupos, receber uma folha com uma bússola desenhada e *post-its* ou canetinhas coloridas para escreverem.

2. Identificar motivações e vantagens que a ideia traz. Refletir e escrever. (leste)
3. Identificar suas preocupações e desvantagens diante do trabalho ou projeto. (oeste)
4. Identificar o que precisa saber mais para entender melhor ou se preparar para um próximo passo, como uma discussão ou uma pesquisar. (norte)
5. Dar opinião sobre a ideia, próximos passos para avaliá-la e sugestões para melhorar a situação. (sul)
6. Revisar os comentários dos colegas e comentar o que surgiu em cada ponto. Desenvolver um plano para os próximos passos e colocar em ação algumas das sugestões.

Observação:

No lugar de folha de papel, se há acesso, pode ser feito em um aplicativo ou ferramenta, como o *Jamboard*. Utiliza-se no início de uma unidade ou projeto para um diagnóstico do que o estudante já sabe ou, ao final, para reflexão de cada um dos pontos e *feedback* para o professor.

É de extrema relevância que seja feito o registro de todas as respostas obtidas nas rotinas por apresentarem a reflexão do aluno e, consequentemente, ser um material fundamental para que o professor reflita, dê *feedback* e analise todo o processo, propondo melhorias, refazendo a trajetória e trazendo o que há de mais adequado a seu público-alvo.

Além dos dois tipos de avaliações apresentados, as rubricas e as rotinas de pensamento, vários outros tão eficazes quanto esses. Variar os instrumentos é bom para o aluno, e sempre devem dar a oportunidade de refletir para assegurar o aprendizado.

Entre eles, alguns que sempre utilizamos são breves diálogos, escrita de parágrafos, registros de conversas entre os alunos e feitos por eles, relatórios produzidos pelos grupos, observações e pequenas apresentações do que já pesquisaram. Entretanto, antes de finalizarmos este capítulo, gostaríamos de trazer mais um exemplo, a análise SWOT, a qual aplicamos ao final de projetos em comum e se mostra muito eficaz na reflexão sobre a aquisição do conhecimento após passar por todo o processo.

SWOT, do inglês *strenghts, weaknesses, opportunities* e *threats* (forças, fraquezas, oportunidades e ameaças, denominado por alguns em português como FOFA), é uma ferramenta desenvolvida, acredita-se, na década de 1960 por professores da Universidade de Stanford para a área da administração. Hoje, tem sido usada extensamente pela área de RH de empresas e variados departamentos para se conhecer melhor o negócio e detectar problemas para se estabelecer um plano de ação e solucioná-los.

No meio educacional, sua função é fazer o aluno compreender aquilo que ele faz bem e o que deve melhorar para, então, planejar mudanças que visem sua melhoria. Utilizá-la é muito fácil. Basta dividir uma folha de papel em quatro quadrantes, como o modelo a seguir, e colocar o nome de cada um. O professor faz perguntas e dá 5 minutos para que os alunos, individualmente, respondam-nas respeitando os espaços. Pode-se utilizar lápis, caneta, cores diferentes, *post-its* e, até mesmo, algum aplicativo ou plataforma como o *Jamboard*, *Google Slides* ou qualquer outro de preferência dos alunos e/ou do professor.

As perguntas diferem de acordo com o tema. Cada item do exemplo mostrado abaixo traz as referentes a um projeto qualquer. São gerais e outras mais específicas podem ser feitas. Devem ser lidas pausadamente e mais de uma vez durante os 5 minutos para dar tempo dos alunos preencherem:

STRENGHTS	WEAKNESSES
Quais são seus pontos fortes? O que você faz bem? O que as pessoas acham que você faz bem? O que você gostou de fazer nesse projeto? Quais foram suas facilidades?	Quais são seus pontos fracos? O que você não faz bem? O que as pessoas acham que você deve melhorar? O que você não gostou de fazer nesse projeto? Quais foram suas dificuldades?
OPPORTUNITIES	**THREATS**
Que oportunidades o projeto gerou para você? Como poderá aplicar o que aprendeu em situações do cotidiano ou fora do contexto escolar?	Que ameaças o projeto gerou para você? O que não aprendeu e pode ser um complicador para sua vida fora da escola?

Ao finalizar as perguntas da análise SWOT, há inúmeras formas de se dar continuidade. Nós gostamos de pedir para que os alunos grifem duas respostas de cada quadrante e pensem sobre formas de manter as forças ou, até, continuar a melhorá-las, tracem um plano para melhorar as duas fraquezas, já que podem atrapalhá-los, e reflitam sobre as oportunidades e ameaças na vida fora da escola. Quando houver outro projeto ou atividade semelhante, pode-se voltar à análise SWOT primeira para comparar e observar se houve crescimento, mudança, melhoria ou o que ainda precisa de atenção.

Para finalizar a questão da avaliação, gostaríamos de salientar que o uso da tecnologia é um grande aliado do professor, que tem a oportunidade de coletar rapidamente as informações para analisá-las. Entretanto, sua falta não impossibilita que uma rubrica ou uma rotina de pensamento seja feita. Pelo contrário! Fazer registros orais ou no caderno ainda traz muitos benefícios.

CAPÍTULO 5
EXEMPLOS DE PLANEJAMENTOS

Consideramos este capítulo essencial por trazer modelos de planejamentos de ABP. Muitas vezes, temos ideias e queremos começar, mas não sabemos de onde nem como.

Buscamos educadores que têm experiência e que praticam a ABP com suas turmas com excelência. A partir dessa seleção, partimos para a análise do *template* que já utilizamos e que poderíamos ter como base para que eles nos descrevessem seu trabalho em algum dos projetos. Também houve a preocupação de trazermos pelo menos um projeto por segmento da educação básica: Infantil, Fundamental I, Fundamental II e Médio. Dessa forma, garantimos que todos fossem contemplados. O desafio foi lançado e elas, coincidentemente, todas mulheres, presentearam-nos com projetos que fizeram com seus alunos e renderam bons frutos.

Você vai notar que cada um tem uma característica específica. Trata-se da tal flexibilidade, mencionada neste material. A essencialidade está nos traços que identificam o público-alvo, os objetivos de aprendizagem e o significado que aquela questão motriz representa para determinado contexto.

São 5 exemplos. Optamos por dividi-los por segmento, em seguida, por nome do projeto, nome do professor e, finalmente, pelo *template* preenchido.

5.1 EDUCAÇÃO INFANTIL

Projeto 1 - CRIANÇA E NATUREZA - O MEU AMBIENTE! - Professora Isabella Sampaio Silva

Pedagoga, pós-graduada em Metodologias ativas para uma educação inovadora, pelo Instituto Singularidades, com extensão em Neurociência, pela Universidade Presbiteriana Mackenzie, e em Tendências Emergentes na Educação, pela Universidade de TAMK. Trabalha na área educacional desde 2011, na qual já deu aula para crianças, jovens e adultos e foi coordenadora pedagógica.

Nome(s): Isabella Sampaio	Segmento/Série: Infantil 2
Disciplina(s): polivalente	Conteúdo(s): O ambiente de sala de aula

Objetivos de aprendizagem

- Relembrar como é o ambiente de sala de aula e de que maneira ele pode ser modificado.
- Reconhecer a importância de cuidar do ambiente.
- Aplicar o cuidado com o ambiente ao organizar a sala de aula.
- Aplicar o cuidado consigo e com o outro.
- Avaliar as mudanças baseadas no cuidado diário da sala e das plantas observando as mudanças ocorridas.
- Criar um ambiente propício para o convívio lúdico, com jogos e brincadeiras, utilizando elementos da natureza e também materiais não estruturados.

Avaliações

A avaliação formativa ocorreu em diversos momentos nos quais o grupo usou a linguagem para contar, por meio de palavras, desenhos, encenações e construções com materiais não convencionais, o que havia realizado e outras informações que quisesse compartilhar sobre as etapas do projeto a partir de vivências, experiências e interações das quais fez parte.

Tabela de rubricas. Compuseram os critérios:

- Cuidar das plantas, cuidar da sala, cuidar do outro e cuidar dos brinquedos. Os alunos eram avaliados como transformadores, atuantes, envolvidos e observadores.
- Tornou-se rotina, no começo e no fim da semana, conversar sobre a postura de cada integrante do grupo frente ao projeto.

Questão motriz

Como cuidar do nosso meio ambiente?

Etapas do projeto

- **Envolver as famílias** – convite para enviar imagens de momentos em meio à natureza e objetos não convencionais para plantio escolhidos em família. Esse envolvimento veio para somar ao projeto e propiciar às crianças condição de relacionar as vivências e interações escolares a sua rotina familiar com mais momentos para entrar em contato com elementos da natureza. Além disso, a planta que ficaria na escola passava a ser sua para nutrir e cuidar.

As próximas etapas não foram sequenciadas por considerar a faixa etária do grupo.

- **Etapa – cuidar das plantas:** dar nomes às plantas. Entender como deveria ser feito o cuidado com as plantas a partir de conversas com especialistas. O cuidado com as plantas passou a ser diário.

- **Etapa – cuidar da sala:** participar de momentos de organização da sala diariamente, percebendo a importância de guardar os materiais que não são mais utilizados. Limpar o ambiente após as atividades. Materiais como vassouras e pás (em versões menores) além de panos e borrifadores ficaram disponíveis em sala.

  Criações no ateliê com objetos tridimensionais para compor a decoração da sala. Participação de outra turma.

  Reflexão: perceber que organizar a sala é organizar algo que é seu/nosso.

- **Etapa – cuidar dos brinquedos:** utilizar os elementos naturais disponíveis na sala para os momentos de brincadeira simbólica.

- **Etapa – cuidar do outro:** fornecer meios para que haja troca entre os estudantes, favorecendo a comunicação, o afeto e o carinho. Espaço para vivência, experiência e interação entre os estudantes.

- **Etapa – produto final:** utilizar todas as etapas anteriores para a produção da sala a ser apresentada à comunidade escolar.

Materiais

- Objetos naturais: plantas, sementes, terra, areia, pedras, folhas, gravetos.
- Objetos não estruturados para plantio: canecas, regadores, potes, panela.
- Objetos de ateliê: tintas naturais, pincéis, telas, massinha natural, tecidos.
- Objetos digitais: computador para visualização de imagens enviadas pelas famílias e escutar sons da natureza.

Voz e escolha dos alunos

Aconteceu na escolha de como compor o novo ambiente de sala de aula ao trazer natureza, tão necessária, para dentro dela.

Apresentação final

A apresentação ocorreu durante o Encontro Cultural. As famílias e comunidade escolar foram convidadas a entrar na sala de aula, que passou a contar com elementos da natureza integrados ao ambiente.

Referências bibliográficas/*Links*

BACICH, Lilian; MORAN, José. *Metodologias ativas para uma educação inovadora*: uma abordagem teórico-prática. Porto Alegre: Penso, 2018.

BENDER, Willian N. *Aprendizagem baseada em projetos*: educação diferenciada para o século XXI. Penso Editora, 2014.

BIE – Buck Institute for Education. *Aprendizagem baseada em projetos:* guia para professores de ensino fundamental e médio. 2. ed. Porto Alegre: Artmed, 2008.

Resultado

Alunos e familiares passaram a se enxergar como parte da natureza e compreenderam a importância de cuidar do ambiente em que estão inseridos. Alguns anos após o projeto ainda há retorno das famílias e dos alunos de momentos que foram vivenciados.

A professora Isabella nos traz um projeto que abarca o desenvolvimento de habilidades relacionadas à criação de um ambiente escolar agradável e que contemple a natureza. Não necessariamente está relacionado a algum conteúdo do livro, mas é um tema comum visto na escola. Aproximar alunos tão pequenos de um assunto de tanta relevância e fazê-los refletir sobre seu próprio entorno é um diferencial. A pergunta motriz, Como cuidar do nosso ambiente?, insere-os no problema e os engaja na busca por uma solução, pois afeta seu dia a dia e seu bem-estar.

5.2 ENSINO FUNDAMENTAL I

Projeto 2 – CIÊNCIAS: RECURSOS NATURAIS – Professora Fumi Hoshino

Pedagoga, possui Doutorado em Ciências pela Universidade de São Paulo (ESALQ/USP). É, atualmente, professora bilíngue dos Anos Iniciais do Ensino Fundamental. Como *Google Certified Trainer* e *ISTE Certified Educator*, atua na formação de professores para o uso da tecnologia em sala de aula e o desenvolvimento de projetos STEAM, com foco no aperfeiçoamento de competências socioemocionais.

Nome(s): Fumi Hoshino	Segmento/Série: Ensino Fundamental Anos Iniciais – 5º Ano
Disciplina(s): Ciências (em inglês)	Conteúdo(s): Ecossistemas e recursos naturais

Introdução do projeto

No decorrer do conteúdo prévio abordado para o grupo de alunos sobre ecossistemas, tivemos uma pesquisadora da *National Geographic Explorer* compartilhando sua pesquisa relacionada aos bioindicadores da mudança climática, com foco no equilíbrio dos ecossistemas. Também compartilhou suas ações de impacto na comunidade em que habita, nas proximidades do rio Amazonas. Uma vez que esse rio também é a principal fonte de água para uso doméstico pela comunidade local, sua ação se baseou na orientação e treinamento dessa comunidade para a realização de avaliações frequentes da qualidade da sua água. Inspirados pelo modelo de ação de impacto da pesquisadora, os alunos foram desafiados a refletir sobre ações que poderiam amenizar as consequências da interação humana com o ambiente. Essa fala da exploradora foi uma âncora do projeto.

Objetivos de aprendizagem

EF05CI05 Construir propostas coletivas para um consumo mais consciente e criar soluções tecnológicas para o descarte adequado e a reutilização ou reciclagem de materiais consumidos na escola e na vida cotidiana.

Avaliações

- **Etapa 1:** Avaliação formativa com uso de Google Form. Avaliação com questões múltiplas para verificar a compreensão sobre o conteúdo e para coleta de ideias dos alunos sobre ações de impacto que cada um poderia efetivamente aplicar. Essas sugestões de ações coletadas na etapa 1 foram organizadas pela professora em slides e compartilhadas com o grupo de alunos, de forma anônima, para discussão coletiva.
- **Etapa 2:** Planejamento das ações (avaliação do planejamento e apresentação da proposta).
- **Etapa 3:** Execução (avaliação de implantação da proposta).
- **Etapa 4:** Reflexões.
- **Etapa 5:** Relatório final: análise de resultados. Ao final da etapa 3, os alunos desenvolveram um relatório final descrevendo as ações planejadas, executadas e reflexões acerca dos resultados.

Os alunos receberam um mapa de avaliações desse projeto.

Questão motriz

Como reduzir o lixo produzido pela comunidade, especialmente, durante o período da pandemia de Covid-19? Quais as informações e ações necessárias para que a comunidade reutilize ou recicle de forma apropriada seu lixo de forma a reduzir o lixo acumulado nas ruas?

Etapas do projeto

- **Etapa 1:** Introdução sobre os conceitos relacionados a Recursos Naturais e avaliação sobre a compreensão dos conceitos.

- **Etapa 2:** Contextualização do problema enfrentado desde o início da pandemia, o aumento do lixo produzido em casa, desde o início do isolamento das famílias devido ao Covid19, e, atualmente, com muitos profissionais trabalhando remotamente de casa. Discussão sobre as ações individuais possíveis para redução do lixo produzido (atividade para coleta de ideias).

  Alunos foram desafiados a desenvolverem um plano de ação. Conforme conteúdo, o foco foi dado na aplicação dos 3Rs (Reduzir, Reutilizar, Reciclar). (Atividade 2)

- **Etapa 3:** Apresentação da proposta e ajustes realizados coletivamente com sugestões apontadas para maior objetividade para ser aplicada.

- **Etapa 4:** Execução do projeto

- **Etapa 5:** Relatório final: análise e reflexão sobre os resultados obtidos.

Materiais

- Uso de Google Forms, Google Slides, Flipgrid, Vídeos e Canva.

Voz e escolha dos alunos

- A partir da etapa 2, após compreensão dos conceitos básicos relacionados aos recursos naturais, os alunos tiveram voz e escolha em todas as etapas.
- **Etapa 2:** Planejamento das ações

  Em pares, iniciaram o trabalho refletindo sobre ações que efetivamente poderiam contribuir para a redução do lixo descartado de forma inadequada. Suas ideias foram registradas e compartilhadas com o grupo. Nesse segundo momento, as ideias dos pares de alunos foram disponibilizadas para o grupo maior (toda a sala) para discussão e determinação coletiva.

- **Etapa 3:** Execução (avaliação de implantação da proposta).
- **Etapa 4:** Reflexões.
- **Etapa 5:** Relatório final: análise de resultados. Ao final da etapa 3, os alunos desenvolveram um relatório descrevendo as ações planejadas, executadas e reflexões acerca dos resultados.

Apresentação final

Os alunos desenvolveram os trabalhos seguindo rubricas.

Houve, no início, alguns alunos que sugeriram ações isoladas específicas (apenas o aluno executar uma ação, como reutilizar objetos para ele próprio fazer um brinquedo), mas essa sugestão foi colocada, então, como uma ação a ser realizada por uma comunidade maior.

Resultado

A formação das ideias iniciando pela colaboração em pares e, então, em grupos garantiu que cada aluno do grupo pudesse compartilhar suas ideias iniciais. Houve alunos que, inicialmente, não haviam compreendido sobre o trabalho englobar ações mais amplas que atingissem uma comunidade maior, e não apenas a ação isolada do próprio indivíduo. Isso nos deixa claro que há a necessidade de tornarmos comum e formarmos a cultura do empoderamento do aluno, como ser capaz e apto a ações de impacto na sociedade.

O projeto da professora Fumi apresenta passos bem definidos e claros. Todas as partes se conectam e vemos um começo, meio e fim. Através deles, não há dúvidas de que os alunos se deram conta de como podem mudar seu entorno! É um belíssimo exemplo da potencialidade de uma ABP. A âncora, que traz uma pesquisadora para uma fala com os alunos, é muito poderosa, uma vez que o exemplo real, e não para fins pedagógicos, apresenta-se aos alunos como algo engajador.

Projeto 3 - VALORIZANDO O CERRO DO BAÚ: UMA MARAVILHA NATURAL DE VENÂNCIO AIRES 2021/2022 - Professora Priscila Wagner Pereira

Especialista em Metodologia e Ensino de Língua Portuguesa e Literatura, pela UNISC, Orientação Educacional, Supervisão Escolar e Gestão Escolar, pela UNINTER, graduada em Letras Português e Inglês pela UNISC, no RS, e formada no curso Médio Normal Magistério pelo Anglo Latino, SP. É professora do Ensino Fundamental II, professora de Língua Portuguesa e orientadora educacional.

Nome(s): PRISCILA WAGNER PEREIRA	Segmento/Série: 4º e 5º ano (multisseriada)
Disciplina(s): Currículo por Atividade	Conteúdo(s): Projetos

Objetivos de aprendizagem

1. Conseguir, através de divulgação e apoio dos setores públicos, a valorização do Cerro do Baú, ponto turístico próximo a nossa localidade.
2. Fazer a divulgação do Cerro do Baú em larga escala e abrangendo os diversos meios de comunicação através de vídeo, blog, folder, banner, camisetas, mochilas, broches e participação em Livro literário.
3. Buscar meios de financiamento e aporte dos setores públicos para que haja colaboração na ampliação das atrações relacionadas ao projeto de melhoramento do Cerro do Baú.
4. Realizar encontros com os diversos setores da sociedade para conseguir esses colaboradores.

5. Enaltecer o Cerro do Baú para atrair mais turistas, alavancando o comércio local.
6. Conhecer, de fato, a história e os benefícios desse ponto turístico para servir de Ponto de informações na Rota Turística do qual o Cerro do Baú faz parte.
7. Investir o dinheiro angariado como premiação do Concurso Criativos da Escola em produtos de divulgação do Cerro do Baú.
8. Participar da maioria dos concursos de âmbito regional e Nacional, bem como de mostras de trabalhos para divulgação do nosso projeto e do nosso Ponto Turístico.

Avaliações

A avaliação se deu ao longo do processo de desenvolvimento do projeto, observando cada realização referente às ações organizadas pelos alunos e a cada resolução de problema que foi aparecendo durante o projeto. Todos os elementos elencados nos objetivos foram realizados por eles, assim, toda pesquisa, folder, banner, texto, estudo do local, organização de apresentação para a comunidade, participação do concurso Criativos da Escola, investimento do valor arrecadado, empreendimento em relação àquilo que produziram e novas ações elencadas foram analisadas, estudadas e avaliadas.

Questão motriz

2021: Se o Cerro do Baú traz tantos turistas e visitantes para o município, trazendo retorno financeiro à economia local, por que não recebe apoio de setores públicos para que se mantenha e tenha a valorização de um ponto turístico em ascensão?

2022: Após o primeiro ano de divulgação do Cerro, o que nos trouxe tantos benefícios, o que mais se pode fazer para ter o apoio que o ponto turístico necessita e transformar a escola em um ponto de informações da Rota turística, fomentando o interesse dos visitantes em conhecer o Cerro do Baú e ampliar o comércio local para venda dos produtos coloniais e de divulgação do Cerro?

Etapas do projeto

2021: O presente projeto de pesquisa científica iniciou com o estudo do documento referente ao projeto do Senhor Marcolino Coutinho para que pudéssemos ter um norte. Um estudo detalhado de seu projeto para desenvolvimento do Cerro do Baú foi realizado e os alunos esquematizaram seu plano de pesquisa, apresentando o problema que eles queriam resolver e quais as ações necessárias para alcançar o objetivo principal, divulgar e valorizar esse ponto turístico, que representa a nossa localidade.

Toda e qualquer ação realizada referente ao projeto do Cerro do Baú é analisada pela turma e devidamente aprovada pelo proprietário, pois algumas metodologias utilizadas levam logos e imagens que devem apresentar autorização de uso de imagem no que tange ao logo do projeto, folder, banner e vídeos de apresentação, que usam o logotipo do projeto do senhor Marcolino.

Cada plano a ser feito perpassa por um processo de estudo através de pesquisas nos documentos apresentados, na página de *Facebook* desse Ponto Turístico, bem como nos sites da internet e planos da BNCC, que nos apresentam algumas opções a serem trabalhadas, como nas questões de vídeos de apresentação, que necessitam de organização de roteiro e desenvolvimento de edições. Para a parte de divulgação, cada elemento apresentado pela turma foi e será estudado, pesquisado, organizado e colocado em prática a partir do que foi aprendido.

Este projeto se mostra de uma grandeza imensurável para os alunos, pois valorizar um local que está em sua localidade e poder colaborar com sua ascensão, de modo que, pelas mãos e estudos deles, haverá maior divulgação, maior entendimento das questões de financiamento e um maior retorno para o comércio local, faz-se um aprendizado realmente significativo. Além disso, descobrir o que cada setor da sociedade, neste caso público, pode contribuir para a ampliação desse ponto turístico, torna-se algo realmente motivador, fazendo com que almejem sempre mais e saibam onde buscar recursos para qualquer tipo de empreendimento.

Uma das questões primordiais deste projeto é poder construir em conjunto com o senhor Marcolino Coutinho e os setores que irão colaborar com essa ampliação um apanhado histórico apresentando o Cerro do Baú como um patrimônio cultural da nossa cidade, lugar de muito aprendizado, história, cultura e beleza natural.

Para alcançar o objetivo, os alunos terão que organizar muitas ações que dependerão deles mesmos e de terceiros. É um projeto audacioso e de grandes responsabilidades, então, os alunos programaram e organizaram suas ações seguindo as metodologias abaixo:

Para divulgação:

- Produção de folhetos em sala de aula, juntando os elementos trabalhados sobre esse tipo de texto.

- Produção de vídeo explicativo sobre o ponto turístico, em formato de jornal online, trazendo as principais características do local, organizado com roteiro e disposição de câmeras, com estúdio fixo e visita de campo.
- Produção e votação do Logo do projeto: feito a partir da escolha do tema, transformado posteriormente em digital. Os alunos produzem, votam de forma online e colaboram em sua edição virtual.
- Produção de Banner para apresentar o projeto a partir de textos, gráficos, folhetos, imagens.
- Blog do Cerro do Baú para colocar o trabalho na *web* e ocorrer uma maior divulgação. Deverá ser alimentado periodicamente, trazendo o histórico do local e suas atualizações em relação aos projetos e atrações que estarão vigentes.
- Maquete de representação do local para organização dos passos a serem realizados no projeto.

Para angariar colaboradores:

- Produção de ofícios com pedidos possíveis de serem realizados.
- Encontro no *Meet* ou presencial com vereadores e setores da prefeitura para angariar informações de como cada setor pode ajudar o Cerro do Baú sem ferir as leis.
- Visita ao Cerro do Baú.
- Pesquisa sobre financiamentos na área de turismo.
- Apresentação do projeto.

2022: Uma das questões primordiais do projeto é poder divulgar, junto ao senhor Marcolino Coutinho, o Ponto Turístico, que carece de um olhar mais atento do governo municipal, e demonstrar o seu potencial para crescimento, bem como fazer parte de um livro que remete aos principais pontos turísticos de Venâncio Aires, enaltecido a partir do momento em que o primeiro projeto foi apresentado à escritora Léia Cassol, e considerado um patrimônio cultural da nossa cidade.

Algumas ações para este ano já foram pontuadas. Para divulgação, estamos fazendo:

- FOLDER
- LOGO DO PROJETO
- BANNER
- MOCHILAS
- CAMISETAS
- BROCHES
- CONCURSO CRIATIVOS DA ESCOLA
- LIVRO LÉIA CASSOL
- DIVULGAÇÃO NA FENACHIM
- MOSTRA DE TRABALHOS PEDAGÓGICOS

Materiais

2021: Os recursos que deverão ser utilizados para alcançar os objetivos e ações do projeto advêm de diversas áreas, alguns necessitarão de parcerias, como apoio do proprietário do Cerro do Baú e de setores públicos, outros serão recursos materiais disponíveis na escola, que são:

- Celular (editor de vídeo), recurso utilizado para gravar vídeo em estúdio e em campo – Cerro do Baú.
- Folhas para fazer modelos de folders, esquematizar a maquete, fazer rascunho do projeto e produzir ofícios.
- Materiais escolares, como tinta, giz de cera, tesoura, cola, isopor, pincel, canetinha, régua...
- Computador da professora para execução da parte estrutural do projeto, produção de folder e logo, bem como slides e banner e encontros virtuais com setores públicos e responsáveis pelo financiamento de pontos turísticos, enviar pedidos via e-mail.
- Cópia xerografada dos documentos a serem utilizados para pesquisa, atividades de relatório e demais pesquisas realizadas sobre o projeto.
- Internet para pesquisas a serem realizadas para busca de informações e modelos de estruturas de folder, blogs, vídeos, banners, entre outros.
- Ônibus para visita ao ponto turístico a ser explorado no projeto, com a SME (Secretaria Municipal de Educação).
- Contato com as pessoas dos setores da prefeitura e poderes públicos: CAT – Centro de Atendimento ao Turismo – Coordenador Luiz Henrique Ertel, Câmara de Vereadores e demais setores responsáveis pelo apoio ao turismo de Venâncio Aires.

2022: livro da escritora Léia Cassol; banners impressos e *online*, Instagram, blog, ônibus para visitas ao Cerro e apresentação do projeto na Fenachim em Maio de 2022, *chromebooks*, celulares, vídeos.

Voz e escolha dos alunos

Os projetos são realizados sempre a partir do interesse do aluno, daquilo que indagam. Portanto, o tema escolhido foi a valorização do Cerro do Baú, um ponto turístico da nossa localidade que apresenta grande possibilidade de crescimento e desenvolvimento na parte de lazer e economia do município. Esse tema foi escolhido após diversas conversas com os alunos. Muitas ideias foram compartilhadas e a construção do tema foi feita em conjunto. Percebeu-se qual seria o enfoque que queriam dar ao projeto e, dessa maneira, puderam chegar a um consenso do que queriam pesquisar, envolver e resolver. Sabemos que o Cerro do Baú é um ponto turístico que se localiza perto da nossa escola, contudo, nunca nos demos conta de que era propriedade privada e de que o dono pretendia ampliar suas atrações e formas de lazer para torná-lo um dos maiores pontos turísticos de Venâncio Aires. Dessa maneira, no momento em que o proprietário, senhor Marcolino Coutinho, veio à escola fazer uma palestra sobre a Arte Rupestre que existe no Cerro do Baú, tivemos a ideia de fazer um projeto para divulgá-lo e valorizá-lo, pois percebemos que ele cuida de toda a área do Cerro e precisa de ajuda para mantê-lo e fazer melhorias, tendo em vista o avanço da economia do município e, mesmo que ele já tivesse encaminhado o projeto às diversas partes interessadas, ainda não obteve nenhum retorno. Com isso, os alunos se mobilizaram para ajudá-lo de alguma maneira pensando num projeto conjunto entre as turmas de 3º, 4º e 5º anos.

Apresentação final

As apresentações foram realizadas nos anos de 2021 e de 2022 com as devidas ações realizadas e as que ainda se pretende realizar.

Referências bibliográficas/Links

COUTINHO, Marcolino. *Projeto Rota Turística* – Cerro do Baú. Venâncio Aires. Primeiro acesso dos alunos da EMEF Narciso Mariante de Campos em junho de 2021.

CASSOL, Léia. *Era uma vez... em Venâncio Aires*. Porto Alegre: Editora Cassol. 2022

Sites

https://canaldoensino.com.br/blog/iniciacao-cientifica-como-elaborar-projetos-de-pesquisa. Acesso em: 13 de julho de 2021

https://www.gov.br/turismo/pt-br/centrais-de-conteudo/manual-coronavirus-01-05-pdf. Acesso em: 13 de julho de 2021

Links de vídeos de apresentação – informativos

https://youtu.be/DKp_z934y_4. Acesso em: 20 de julho de 2021

https://youtu.be/kRLp8s-EVMI. Acesso em: 20 de julho de 2021

https://blog.wedologos.com.br/folder-turismo/. Acesso em: 20 de julho de 2021

Instagram: https://www.instagram.com/invites/contact/?i=17t549dlexxjs&utm_content=ms0avs9

Blog: valorizandocerrodobau.blogspot.com

Resultado

O que se espera deste projeto é a valorização do Cerro do Baú, beleza natural de nossa localidade, não apenas em relação à divulgação em diversas escalas, mas na colaboração do crescimento desse ponto turístico de maneira que, com a expansão e atualização do Cerro do Baú, os turistas possam visitá-lo com mais assiduidade, divulgando-o para mais pessoas, e, assim, tornando-se um ponto turístico de sucesso, com muitas atrações e visando o retorno financeiro ao comércio local, bem como fazer de nossa escola um ponto de informações dessa Rota Turística.

O projeto não apresenta um fim em relação ao tempo cronológico, pois se trata de um projeto da escola toda que pretende ser passado de geração para geração, buscando novas ações para o seu sucesso.

Muito do que foi feito estava planejado, contudo, muitas ações nos surpreenderam de modo positivo. Não fomos, no ano de 2021, selecionados para a MOSTRATEC, Mostra de trabalho da região, mas fomos contemplados num concurso Nacional, o Criativos da Escola, ganhando como premiação o valor de R$ 2.000,00, que puderam ser investidos em novas ações e empreender para que pudéssemos continuar investindo na divulgação do projeto. Isso também pode ser afirmado com a chegada de um livro *Era uma vez em Venâncio Aires*, da escritora Léia Cassol, que tem como cenário principal nosso ponto turístico. Isso enalteceu ainda mais a vontade de apresentar o Cerro do Baú para o mundo.

Esse exemplo nos mostra a dimensão que um projeto pode atingir. Pela temática ter sido totalmente escolhida pelos alunos e por se tratar de um problema real da localidade em que se encontram, o projeto resultou no envolvimento ativo da comunidade escolar. Atingindo de forma grandiosa o local onde foi feito, uma vez que existe a possibilidade de o estudo trazer melhorias para o turismo e, como consequência, para a economia local, esse exemplo de ABP corrobora com a ideia de fazer com que o aluno seja o protagonista da sua aprendizagem por meio da sua atuação ativa na resolução de problemas reais, contribuindo assim, para a formação do cidadão do século XXI.

5.3 ENSINO FUNDAMENTAL II

Projeto 4 - APENAS UM OVO? UMA OVA! - A MULTIFUNCIONALIDADE DESSA PROTEÍNA - Professora Sabrina Daniana da Rosa

Formada em Letras Português/Inglês e suas respectivas Literaturas pela Universidade de Santa Cruz do Sul/RS, pós-graduada em Coordenação Pedagógica pela Universidade Federal do Rio Grande do Sul (UFRGS). Professora da Rede Municipal de Ensino de Venâncio Aires/RS há 14 anos, atua na Vice-Direção e, em sala de aula, na disciplina de Língua Portuguesa para 7º e 8º anos do Ensino Fundamental.

Nome(s): Sabrina Daniana da Rosa	Segmento/Série: 7º ano
Disciplina(s): Língua Portuguesa	Conteúdo(s): O ovo e sua potencialidade alimentar

Objetivos de aprendizagem

Realizar pesquisa bibliográfica a fim de descobrir quais são os processos que dão origem ao ovo, bem como descobrir após o referido estudo algumas de suas potencialidades e benefícios,

Descobrir através de questionário realizado com a comunidade escolar da EMEF Odila Rosa Scherer/ Venâncio Aires-RS quais famílias conhecem os potenciais do ovo além de suas propriedades alimentares.

Avaliações

Os alunos foram constantemente avaliados através da exposição oral das pesquisas realizadas, durante todo o processo de pesquisa e exposição do projeto.

Questão motriz

Sabendo que o ovo é um alimento muito consumido, será que todos os usuários desse alimento conhecem seus benefícios e aplicações?

Etapas do projeto
Discussão acerca do objeto de pesquisa
1. Pesquisa Bibliográfica
2. Enquete com as famílias da turma do 7º ano
3. Apresentação em feira escolar

Materiais

Os recursos que deverão ser utilizados para alcançar os objetivos e ações do projeto advém de diversas áreas:

- Folhas: para rascunho do projeto.
- Materiais escolares: tinta, giz de cera, tesoura, cola, isopor, pincel, canetinha, régua.
- Computador: *notebook* da professora para execução da parte estrutural do projeto, produção e envio de um formulário online para as famílias.
- Cópia xerografada: dos documentos a serem utilizados para pesquisa, atividades de relatório e demais pesquisas realizadas sobre o projeto.
- Internet: pesquisas a serem realizadas para busca de informações e modelos de estruturas de folder, blogs, vídeos, banners, entre outros.

Voz e escolha dos alunos

Os alunos tiveram participação ativa tanto na escolha do tema, como na elaboração do projeto e da pesquisa. Todo o trabalho teve culminância na feira de trabalhos escolares, onde os educandos tiveram a oportunidade de expor todas as atividades realizadas.

Apresentação final

O projeto transcorreu de acordo com o que foi planejado e segundo as expectativas de todos os envolvidos.

Referências bibliográficas/Links

http://revistagalileu.globo.com/Galileu/0,6993,ECT638972-1716-4,00.html#:~:text=O%20ovo%20se%20forma%20num,para%20a%20forma%C3%A7%C3%A3o%20da%20casca. Acesso em 19 de maio de 2022.

https://www.sbtnews.com.br/noticia/coronavirus/166741-entenda-a-importancia-do-ovo-na-producao-de-vacinas Acesso em 20 de maio de 2022.

https://www.abc.org.br/IMG/pdf/doc-4906.pdf Acesso em 20 de maio de 2022.

https://casavogue.globo.com/Arquitetura/Paisagismo/noticia/2021/10/casca-de-ovo-nas-plantas-saiba-como-fazer-e-para-que-serve.html#:~:text=A%20casca%20de%20ovo%20%C3%A9%20um%20componente%20bastante%20utilizado%20como,outros%20micronutrientes%E2%80%9D%2C%20explica%20Tati. Acesso em 20 de maio de 2022.

https://verdejetmaquinas.com.br/ Acesso em 20 de maio de 2022.

Resultado

O projeto obteve excelentes resultados, pois gerou soluções para questões cujas respostas eram desconhecidas pelos educandos e comunidade escolar. Pretendemos desenvolver o projeto e aprimorá-lo através de pesquisas para o levarmos para a Mostra Municipal.

Novamente, deparamo-nos com um projeto que tem a capacidade de interferir positivamente na vida dos alunos e na comunidade. Muito se fala sobre o assunto e sobre como o ovo pode aumentar colesterol e trazer outros malefícios. Aqui, temos a desmistificação de um alimento importante.

5.4 ENSINO MÉDIO

Projeto 5 - TELEJORNAL - BOA NOITE, BRASIL! - Professora Luciana Magalhães de Oliveira Monteiro

Formada em Geografia pela Universidade de Brasília-UnB, com graus de bacharel e licenciatura, e pós-graduada em Letramento. Atua na área de educação há 18 anos. Atualmente, é professora da 3ª série do Ensino Médio e coordenadora de ensino na área de Geografia, trabalhando com rede de educação em nível nacional na confecção e mediação de processos, gestão de material, assessoria, formação de professores e como autora e desenvolvedora de itinerários formativos para o Novo Ensino Médio.

Nome(s): Luciana Magalhães	Segmento/Série: 2º ano do Ensino Médio
Disciplina(s): Geografia	Conteúdo(s): Demografia (população) brasileira

Objetivos de aprendizagem

Compreender a estrutura da população e da sociedade brasileira por meio da aplicação de conceitos demográficos na esfera política, econômica, social e cultural. E, ainda, desenvolver habilidades relacionadas ao uso de tecnologias, oratória e trabalho em equipe.

Avaliações

Algumas etapas foram selecionadas para se avaliar o percurso dos estudantes. No roteiro do trabalho, as entregas já foram previstas em datas anunciadas para que pudessem se organizar. Nos encontros em sala de aula, a professora atuou como tutora, acompanhando e orientando a produção de todos os grupos. Para cada "parcial" entregue pelo grupo, houve uma devolutiva da professora, que indicou as correções necessárias.

Questão motriz

Como tratar e transmitir informações da realidade brasileira, como conteúdo jornalístico, para um público diversificado?

Etapas do projeto

Todas as etapas do projeto, descritas em um roteiro de orientação aos estudantes, foram cumpridas seguindo o passo a passo:

- Divisão dos grupos e escolha dos temas (cada grupo pesquisou a respeito de uma das temáticas abaixo):

    » O uso das redes sociais pelos jovens brasileiros
    » Envelhecimento da população brasileira

» Refugiados no Brasil
» Fuga de cérebros do Brasil
» Políticas afirmativas no Brasil

- Investigação do tema e coleta de dados e imagens.
- Confecção do questionário de opinião (critério de elaboração de pesquisas) e definição do público-alvo.
- Aplicação do questionário.
- Análise de resultados.
- Seleção do entrevistado e elaboração das perguntas para a entrevista.
- Elaboração do Script ou Roteiro da produção audiovisual (telejornalismo).
- Filmagens.
- Edição do vídeo.
- Apresentação dos vídeos.

Materiais

- Material didático e fontes de pesquisa indicadas pela professora.
- Internet para pesquisa livre.
- Celulares para a realização das filmagens.
- Formulários digitais para a confecção dos questionários.
- Aplicativos de edição de vídeo para o produto final.
- Projetor em sala para transmissão dos vídeos à turma.
- Não houve problemas de acesso ou disponibilidade.

Voz e escolha dos alunos

Os estudantes participaram e se posicionaram durante todas as etapas do projeto. A professora atuou na mediação e tutoria, orientando as correções necessárias e sugerindo aprimoramentos.

Apresentação final

A apresentação final transcorreu conforme o previsto. Os vídeos foram apresentados à turma e todos os estudantes tiveram a oportunidade de compreender outras temáticas, além da pesquisada pelo grupo. Para a apresentação, cada estudante recebeu uma rubrica para avaliar os grupos, de acordo com os critérios de avaliação previstos no roteiro. Além disso, houve uma votação informal (coordenada pela professora) para a escolha do melhor roteiro telejornalístico. Ao final, o grupo vencedor recebeu um certificado de menção honrosa em reconhecimento à qualidade do trabalho.

Referências bibliográficas/Links

Resultado

O resultado foi surpreendente. O envolvimento dos estudantes superou as expectativas. Em alguns vídeos, chegaram a fazer propagandas no meio da matéria jornalística, simulando intervalos comerciais. Os próprios estudantes apareceram como atores. Ao final do vídeo, praticamente todos fizeram um *making off* do percurso das filmagens e pesquisa.

A maneira como desenvolveram o senso crítico e uso da linguagem para transmissão de informações foi sensacional.

A estratégia midiática favoreceu sobremaneira o desenvolvimento das habilidades previstas para o conteúdo referente à população brasileira. Além disso, por mais que seja uma geração digital, nossos estudantes demonstraram extrema dificuldade em lidar com esses recursos. O resultado final, portanto, revelou um alcance de aprendizagem extraordinário.

Critérios para realização do trabalho:

A) O grupo deverá pesquisar previamente a problemática abordada em seu subtema, levantando os fatores que <u>contribuíram para a realidade retratada</u> e as <u>consequências futuras (desafios para o Brasil)</u>.

B) Para subsidiar a pesquisa, o grupo deverá realizar:
- » Uma entrevista com um especialista na área ou uma pessoa que esteja diretamente envolvida (vivência com o tema em questão). Essa entrevista não deve constar na íntegra no vídeo, mas apenas alguns trechos.
- » Uma pesquisa de opinião amostral (tipo Briefing) para análise de resultados em formulário do Google Forms. Os resultados deverão ser expressos em gráficos e apresentados no vídeo.

C) O vídeo deverá ser editado em um tempo máximo de 5 minutos. Os estudantes deverão atuar como âncoras e repórteres externos (exige caracterização com vestimenta formal). Além da entrevista e análise de resultados (gráficos da pesquisa de opinião), o vídeo deve conter fotografias, trechos de outros vídeos e gráficos de indicadores que retratem o subtema pesquisado.

D) O vídeo deve ser dinâmico e o conteúdo bem distribuído, de maneira que a entrevista ou as pesquisas de opinião não tomem muito tempo, tornando o vídeo cansativo.

Material a ser entregue no dia da apresentação (versão final):

- Script ou Roteiro da produção audiovisual (telejornalismo), contendo a identificação do programa, a data, o assunto e tempo da matéria, a função de cada componente do grupo na produção (editor chefe, âncora, câmera, figurinista etc.). Além disso, o roteiro deve mostrar a estrutura de ordem da produção, com a entrada dos textos, das imagens e demais componentes da apresentação (uma espécie de decupagem de roteiro técnico).
- Entrevista (nome do entrevistado e apenas as perguntas).
- Relatório do Google Forms com a pesquisa de opinião realizada (público amostral e perguntas).
- Gráficos dos resultados da pesquisa de opinião.
- Análise crítica do grupo sobre a temática, contendo resultados e conclusão.

O projeto desenvolvido pela professora Luciana nos mostra a importância do planejamento, ou seja, de saber o que se pretende que os alunos aprendam e as etapas a serem desenvolvidas para atingir a consolidação das competências e habilidades pretendidas. Além disso, a avaliação somativa, acompanhada atentamente pela docente e as devolutivas sistemáticas possibilitam a personalização do ensino e a garantia do sucesso da aprendizagem.

Por motivo de privacidade dos alunos e das instituições de ensino, fotos, vídeos e qualquer outro material não foram divulgados.

Agradecemos imensamente às professoras pelo envio de seus planejamentos e esperamos que seus exemplos inspirem a muitos educadores, assim como nos inspiraram a escrever este livro. Por mais que se trabalhe com projetos, ver modelos nos faz ter perspectivas diferentes sobre nosso próprio trabalho.

CAPÍTULO 6   *TEMPLATES* PARA A ABP

Neste capítulo, apresentamos 5 *templates* ou formulários que utilizamos ao trabalharmos a ABP. Salientamos que fazem parte do processo de aprendizagem, servem como guia para termos e darmos *feedback* aos alunos e nos ajudam nas notas formativas e somativas. Foram desenvolvidos por nós, autoras deste material, e, alguns, têm a participação de alunos ou colegas que, ao aplicá-los, ajudaram-nos com opiniões e melhorias.

Gostaríamos de esclarecer que podem e devem ser mudados e adaptados, o que depende dos objetivos de aprendizagem, das características de cada componente curricular ou área do conhecimento, da instituição e região onde se atua e da disponibilidade de materiais e recursos. Portanto, flexibilidade é algo que deve ser levado em consideração em todo o processo.

Vamos aos *templates* e formulários. Cada um virá com uma breve explicação de como aplicamos. Lembre-se de que podem ser adaptados segundo as exigências que forem aparecendo, o que indica que você e o aluno terão que voltar a ele para averiguar se há necessidade de adequações.

6.1 PLANEJAMENTO DO PROJETO - PROFESSORES

Antes de se dar início a um projeto, os professores dos componentes curriculares que farão parte dele devem se reunir e fazer um planejamento mínimo inicial para poderem visualizar como ocorrerá. Conforme mencionado no capítulo 4, é importante ter o fim em mente, ou seja, o que se quer que o aluno seja capaz de fazer ao passar por todo o processo de ABP, prever as avaliações que serão necessárias para coletar evidências de aprendizado e, por conseguinte, que nos fornecerão *feedback* para podermos guiar os grupos, e, por último, refletir sobre as instruções e experiências de aprendizagem para que o realizem da melhor forma possível. Conforme o tempo for passando, é preciso voltar a esse *template* algumas vezes para verificar se os passos estão sendo cumpridos e anotar os ajustes feitos. Isso é essencial para o caso de ser aplicado novamente, uma vez que os educadores envolvidos já saberão o que deu certo, o que tiveram que melhorar e o que devem mudar. De igual forma, é um documento muito poderoso para ser analisado pelos professores e, por que não, junto aos alunos ao se terminar o projeto para reflexões finais e evidenciar o que foi aprendido, o que ainda deve ser aprendido, erros e acertos:

TÍTULO DO PROJETO	
Componente(s) curricular(es):	Segmento/Série:
Nome(s) do(s) professor(es):	Conteúdo(s):
Objetivos de aprendizagem	(O que os alunos devem ser capazes de fazer ao final do projeto? Leve em conta a Taxonomia de Bloom)
Avaliações	(Como serão coletados os dados para saber se os alunos estão aprendendo ou indo pelo caminho certo durante o processo de aprendizado? Quais e quantas serão as avaliações? Como as evidências serão analisadas? O que será feito a partir dos resultados? Serão utilizadas rubricas de avaliação? Em que momentos?)
Âncora	(Qual será a âncora do projeto? Como será aplicada?)
Questão motriz	(Qual é a questão principal do projeto de ABP, aquela que guiará todo o processo?)
Etapas do projeto	(Qual será o passo a passo do projeto? Como será organizado?)

Professor(es)	(Qual será a função de cada professor participante?)
Materiais	(Que materiais serão utilizados? Haverá uso de ferramentas e recursos digitais? Quais? Há problemas de acesso ou disponibilidade?)
Voz e escolha dos alunos	(Em que momentos a voz e a escolha dos alunos ficarão claras? Em que poderão opinar e o que poderão escolher?)
Apresentação final	(O que se espera da apresentação final? De quem será a opção? Haverá alguma rubrica para avaliá-la?)
Referências bibliográficas/Links	(Há alguma referência inicial? Qual? O que será feito com ela? Quais serão as referências básicas que guiarão o projeto?)
Resultado e Publicação[7]	(Qual foi o resultado do projeto? O que deu certo ou surpreendeu? O que não deu certo e deve ser melhorado? Como foram as apresentações finais dos alunos? Será publicado em algum lugar? Onde e por quem? Há autorização dos responsáveis?)
Explicação geral e fotos	(Anexar fotos, reflexões dos alunos, anotações gerais, vídeos, ou seja, a produção dos alunos, dados e evidências importantes e interessantes)

6.2 *TEMPLATE* INICIAL – ALUNOS

Este formulário que damos aos alunos logo no início dos projetos tem o propósito de se fazer os primeiros combinados dentro dos grupos. Deve ser entregue ao professor para que analise as primeiras dúvidas e possa guiá-los nas primeiras escolhas, assim como pensar nos materiais que vão auxiliá-los. Não obstante, da mesma maneira que o *template* de planejamento dos professores, este deve ir sendo adaptado de acordo com o que for preciso:

---

[7] Esses dois últimos itens, Resultado e Publicação e Explicação geral e fotos, são opcionais, mas importantes e interessantes complementos que podem fazer parte da documentação pedagógica e da reflexão dos professores ao término do projeto de ABP.

PROJETO X	
Componentes curriculares e Professores	(Disciplinas que estarão envolvidas no projeto e respectivos professores. A ser preenchido pelos professores)
Conteúdo	(A ser preenchido pelos professores)
Segmento/Ano	(EI, EFI, EFII, EM/Ano. A ser preenchido pelos professores)
Nome da equipe	(Inventar um nome que caracterizará o grupo. A ser preenchido pelos alunos)
Membros da equipe	(Nomes completos e função de cada um. A ser preenchido pelos alunos)
Questão motriz	(A ser preenchido pelos professores)
Outras questões	(Questões que surgem na primeira aproximação ao tema e ao longo do projeto. Desdobramentos da questão motriz. A ser preenchido pelos alunos)
Pesquisa e suas fases	(Como será feita a pesquisa? Quais serão as fontes principais? Como será organizada? Quais serão as fases?)
Participantes	(Haverá entrevistas, palestras ou informantes externos? Quem? Como se terá acesso?)
Materiais	(Que materiais estão previstos? Que outros surgem ao longo do processo?)
Apresentação dos resultados	(Como será a apresentação?)

6.3 *TEMPLATE* DE ORGANIZAÇÃO DO TRABALHO - GRUPOS DE ALUNOS

Este *template* refere-se ao Kanban, explicado no capítulo 4 e organizador do trabalho dentro dos grupos. Deve constar da atividade que será desenvolvida, nome do aluno responsável e data prevista de entrega. Ao bater os olhos, tanto alunos quanto professores sabem como está o andamento do projeto. Um aluno deve encarregar-se de mantê-lo sempre atualizado:

A FAZER	FAZENDO	FEITO

6.4 RUBRICA GERAL - PROFESSORES

Apresentamos duas rubricas que nos acompanham nos projetos. Utilizamos a primeira constantemente para avaliar como está o trabalho em grupo após conversas nas quais relatam como está o andamento. Também pode ser preenchido pelos participantes da equipe mais tímidos e que não querem falar dos colegas. Contudo, é imprescindível encorajá-los a colaborar com sua opinião e seu *feedback* nesse momento, assim como ter escuta ativa para ouvir críticas, pois faz parte da formação do indivíduo. Se for preenchido pelo próprio aluno, indica-se que os verbos sejam mudados para a primeira pessoa do singular (EU).

O segundo *template* é aplicado durante e ao final do projeto. Para tanto, os critérios, bem como sua descrição, devem ser outros e acordados pelo grupo de professores ou pelos professores e alunos.

Os níveis de qualidade e critérios escolhidos relacionam-se aos objetivos e ao que os professores determinam como adequados a cada fase e ao propósito do projeto. O ideal é começar do critério mais alto e ir diminuindo.

Rubrica 1 - Trabalho em grupo / Autoavaliação

	😀	🙂	🙁	😠
Responsabilidade no cumprimento de tarefas	Responsabiliza-se por sua parte do trabalho e cumpre prazos e tarefas de forma efetiva. Quando necessário, ajuda colegas em suas dificuldades. É essencial para o andamento global do trabalho.	Responsabiliza-se por sua parte do trabalho e cumpre prazos e tarefas de forma efetiva. Quando necessário, ajuda colegas em suas dificuldades. Contribui para o andamento global do trabalho.	Responsabiliza-se por sua parte do trabalho e, com algumas falhas, cumpre prazos e tarefas. Quando requisitado, ajuda colegas em suas dificuldades. Contribui para o andamento global do trabalho.	Responsabiliza-se por sua parte do trabalho, mas, frequentemente, falha quanto a prazos e tarefas. Não ajuda colegas em suas dificuldades. Não contribui para o andamento global do trabalho.
Relacionamento com os colegas	Relaciona-se muito bem com todos os participantes da equipe e contribui com o clima positivo e de construção conjunta.	Relaciona-se bem com todos os participantes da equipe e contribui com o clima positivo e de construção conjunta.	Relaciona-se com todos os participantes da equipe e contribui quando preciso.	Não se relaciona muito bem com todos os participantes da equipe e não contribui com o clima positivo e de construção conjunta.
Cooperação com ideias, organização, ajuda aos colegas	Coopera durante todo o projeto trazendo ideias, organizando tarefas e auxiliando os colegas com criatividade e boa vontade.	Coopera durante todo o projeto trazendo ideias e auxiliando os colegas com criatividade e boa vontade.	Coopera em algumas partes do projeto com ideias e auxilia os colegas quando necessário.	Não coopera durante o projeto, não dá ideias e nem auxilia quando necessário.
Dá e recebe *feedback*	Sempre que requisitado ou necessário, conversa com os colegas e faz críticas construtivas de forma respeitosa para ajudar a melhorar. Ouve os colegas e analisa as diferentes perspectivas, mudando quando adequado.	Sempre que requisitado ou necessário, conversa com os colegas e faz críticas construtivas para ajudar a melhorar. Ouve os colegas e analisa as diferentes perspectivas, mudando quando julga adequado.	Quando requisitado, conversa com os colegas e faz críticas, nem sempre de forma respeitosa. Ouve os colegas, mas não analisa as diferentes perspectivas nem muda quando adequado.	Não conversa com os colegas e, se faz críticas, não é de forma respeitosa. Não os ouve nem muda suas atitudes.

Rubrica 2 - Finalização do Projeto
(já visto no capítulo 4)

	Superou (ou Excelente)	**Atendeu (ou Bom)**	**Atendeu parcialmente (ou Melhorar)**	**Não atendeu (ou Rever)**
Tema	O tema está claro e condiz com a proposta de projeto e da questão motriz. O aluno tem a oportunidade de demonstrar o que aprendeu, domina a temática e é capaz de se comunicar sobre o tema de forma eficaz.	O tema está claro e condiz com a proposta de projeto e da questão motriz. O aluno tem a oportunidade de demonstrar o que aprendeu, domina a temática, mas não é capaz de se comunicar sobre o tema de forma eficaz.	O tema está claro e condiz com a proposta de projeto e da questão motriz. O aluno tem a oportunidade de demonstrar o que aprendeu, mas não domina a temática nem é capaz de se comunicar sobre o tema de forma eficaz.	O tema não está claro e não condiz com a proposta de projeto e da questão motriz. O aluno não tem a oportunidade de demonstrar o que aprendeu, mas não domina a temática nem é capaz de se comunicar sobre o tema de forma eficaz.
Objetivos de aprendizagem	Há pelo menos 3 objetivos claros sobre o que o aluno será capaz de fazer ao final do processo de aprendizagem e eles se relacionam ao projeto e à questão motriz.	Há pelo menos 1 objetivo claro sobre o que o aluno será capaz de fazer ao final do processo de aprendizagem e ele se relaciona ao projeto e à questão motriz.	Há pelo menos 1 objetivo claro sobre o que o aluno será capaz de fazer ao final do processo de aprendizagem, mas ele não se relaciona ao projeto ou à questão motriz.	Não há nenhum objetivo claro em relação ao que o aluno será capaz de fazer ao final do processo de aprendizagem nem sua relação com o projeto e a questão motriz.
Estrutura da apresentação	Nota-se uma estrutura clara com começo, meio e fim e compreensão total do que se apresenta. Há teoria, exemplos e explicações complementares que fazem o público-alvo entender sobre o processo de construção do projeto, seu problema e resolução.	Nota-se uma estrutura clara com começo, meio e fim e compreensão do que se apresenta. Há teoria, exemplos e explicações complementares que fazem o público-alvo entender sobre o processo de construção do projeto, seu problema e resolução.	Nota-se que há uma estrutura com começo, meio e fim e compreensão do que se apresenta, mas nada de forma muito clara. Há teoria, exemplos e explicações complementares que fazem o público-alvo entender parcialmente sobre o processo de construção do projeto, seu problema e resolução.	Não há uma estrutura com começo, meio e fim e compreensão do que se apresenta, nada está muito claro. Há teoria, exemplos e explicações complementares, mas o público-alvo não entende sua utilização.
Trabalho em grupo	O grupo trabalhou de forma integrada, com construção conjunta, compartilhamento de ideias, dúvidas e questões surgidas durante o processo.	O grupo trabalhou de forma integrada, mas nem todos compartilharam ideias, dúvidas e questões surgidas durante o processo.	O grupo trabalhou parcialmente de forma integrada, nem todos compartilharam ideias, dúvidas e questões surgidas durante o processo.	O grupo não trabalhou de forma integrada, não houve compartilhamento de ideias, dúvidas e questões surgidas durante o processo.

Sempre que puder, utilize rubricas, *templates* diferenciados ou qualquer ferramenta que torne a visualização das informações fácil. Desse modo, todos os agentes do processo de ABP são preparados para o que se espera e se provoca a reflexão, passo tão importante na educação atual.

CONCLUSÃO

Escrever este material foi muito significativo para nós, pois tocamos num assunto no qual acreditamos e levamos para nossa prática pedagógica. O trabalho em conjunto e que, na maioria das vezes, envolve também outros professores, é muito prazeroso por termos a oportunidade de trocar, compartilhar, refletir juntos e levarmos o melhor para nossos alunos. O professor é visto como solitário em sua prática diária. Contudo, se o cidadão do século XXI deve ter certas características, competências e habilidades, como não inclui-lo? Ademais de lidar com a juventude, futuro da nação, ele é, da mesma forma, pertencente ao mundo em mutação e será cobrado por isso, não é mesmo? Antes de querer que os alunos trabalhem em grupos e desenvolvam as 10 competências da BNCC, deverá ele mesmo prosperar em seu desempenho como pessoa, cidadão e profissional.

Trabalhar com foco em projetos traz muitos resultados para a sala de aula. Além de notarmos uma mudança nas atitudes e comportamentos dos alunos, que se engajam e percebem sua capacidade de aprender, expandir e ser autônomos, vemos de forma muito transparente o quanto são capazes de opinar, decidir e criar. Se tivermos em conta a taxonomia de Bloom, todos os níveis cognitivos são atingidos, desde os mais básicos, com identificação e reconhecimento do tema, até a criação de um produto ou de uma solução para um problema, ou seja, os níveis mais altos. Naturalmente, a idade e a série vão determinar a profundidade do aprendizado, mas há oportunidade de ir além se comparado a como seria com aulas em que apenas o professor oferecesse instrução.

O fato de se lidar com escolhas dos alunos e problemas reais, como nos exemplos vistos no capítulo 5, garante um grande envolvimento. Saber que será de ajuda para sua comunidade e que a apresentação pode atingir outros níveis para além de sua sala de aula e professores é, de igual forma, altamente engajador. Por meio de sua pesquisa, são capazes de provocar reflexões e, acima de tudo, mudar o entorno pesquisado.

Esperamos que este material, preparado com muito zelo e com os aspectos que julgamos primordiais no trabalho com a ABP, tenha se apresentado de forma clara e simples. Ele valida o que acreditamos ser importante no uso de projetos para a educação. A ideia principal não é que seja descontextualizado da vida real, mas que contribua com a vida do aluno em qualquer contexto no qual haja um problema, uma tomada de decisão ou que exija uma resolução a ser feita.

REFERÊNCIAS BIBLIOGRÁFICAS

BACICH, Lilian. Aprendizagem Baseada em Projetos: desafios da sala de aula em tempos de BNCC. Disponível em: https://lilianbacich.com/2019/01/16/aprendizagem-baseada-em-projetos-desafios-da-sala-de-aula-em-tempos-de-bncc/. Acesso em: 22 mai. 2022.

BACICH, L.; MORAN, J. (org.) *Metodologias ativas para uma educação inovadora:* uma abordagem teórico-prática. Porto Alegre: Penso, 2018.

BACICH, L.; TANZI, A.; TREVISANI, F. de M. (org.) *Ensino híbrido:* personalização e tecnologia na educação. Porto Alegre: Penso, 2015.

BENDER, W. N. *Aprendizagem baseada em projetos:* educação diferenciada para o século XXI. Porto Alegre: Penso, 2014.

BUCK INSTITUTE FOR EDUCATION (BIE). *Aprendizagem baseada em projetos:* guia para professores do ensino fundamental e médio. Porto Alegre: Artmed, 2008.

CASTRO, P. A. P. P.; TUCUNDUVA, C. C.; ARNS, E. M. A importância do planejamento das aulas para organização do trabalho do professor em sua prática docente. *Athena.* V. 10, n. 10, jan./jun. 2008. Disponível em: https://bit.ly/3f1fpOW. Acesso em: 15 abr. 2022.

COHEN, D.; LOTAN, R. A. *Planejando o trabalho em grupo:* estratégias para salas de aula heterogêneas. Porto Alegre: Penso, 2017.

DELORS, J. et al. *Educação: um tesouro a descobrir.* Relatório para a UNESCO da Comissão Internacional de Educação para o século XXI. Disponível em: https://unesdoc.unesco.org/ark:/48223/pf0000109590_por. Acesso em: 29 mar. 2022.

EDUCAMÍDIA. O que é Educação Midiática? Disponível em: https://educamidia.org.br/educacao-midiatica. Acesso em: 15 jun.2022.

FERRARI, A. C.; OCHS, M.; MACHADO, D. *Guia da Educação Midiática.* 1. ed. São Paulo: Instituto Palavra Aberta, 2020.

FERRAZ, A. P. C. M.; BELHOT, R. V. Taxonomia de Bloom: revisão teórica e apresentação das adequações do instrumento para definição de objetivos instrucionais. *Gest. Prod.*, São Carlos, v. 17, n. 2, p. 421-431, 2010. Disponível em: https://www.

scielo.br/j/gp/a/bRkFgcJqbGCDp3HjQqFdqBm/?format=pdf&lang=pt. Acesso em: 15 mai. 2022.

HADJI, C. *Avaliação desmistificada*. São Paulo: Artmed, 2001.

HARVARD. Graduate School of Education. *Project Zero*. Disponível em: http://www.pz.harvard.edu/. Acesso em: 17 jun. 2022.

LIBÂNEO, J. C. *Didática*. 2. ed. São Paulo: Cortez, 2013.

LOPES, Marina. 30 dicas para ensinar com ajuda das redes sociais. Disponível em: https://porvir.org/30-dicas-para-ensinar-ajuda-das-redes-sociais/. Acesso em: 15 jun.2022.

MORAN, José. Tecnologias digitais para uma aprendizagem ativa e inovadora. Disponível em: http://www2.eca.usp.br/moran/wp-content/uploads/2017/11/tecnologias_moran.pdf. Acesso em: 15 jun.2022.

MORETTO, V. P. *Planejamento:* planejando a educação para o desenvolvimento de competências. Rio de Janeiro: Vozes, 2014.

NAOMI, Aline; MEIRA, Giovanni Luliano. BNCC na Sala de Aula: guia de orientações para professores sobre a Base Nacional Comum Curricular. Disponível em: https://movimentopelabase.org.br/wp-content/uploads/2020/01/Guia-digital-BNCC-na-sala_2019_12_vFinal-1.pdf. Acesso em: 22 mai. 2022.

NETO, J. P. de Q.; VASCONCELOS, J. S. *Aprendizagem Baseada em Projetos Interdisciplinares*: formando alunos autônomos. Curitiba: Appris Editora, 2021.

PEREIRA, D. T. *Práticas inovadoras em educação* (Série Universitária). São Paulo: Editora Senac São Paulo, 2022. eBook Kindle.

PEREZ, Teresa. A Base Nacional Comum Curricular na Prática da Gestão Escolar e Pedagógica. Disponível em: https://www.moderna.com.br/lumis/portal/file/fileDownload.jsp?fileId=8A808A8263EC96080163F4DC36897FCB. Acesso em: 22 mai. 2022.

RITCHHART, R.; CHURCH, M.; MORRISON, K. *Making Thinking Visible:* How to Promote Engagement, Understanding, and Independence for All Learners. California: Jossey-Bass, 2011.

RITCHHART, R.; CHURCH, M. *The Power of Making Thinking Visible:* Practices to Engage and Empower All Learners. California: Jossey-Bass, 2020.

REFERÊNCIAS

SOARES, R. F. *Contribuições da aprendizagem baseada em projetos para o ensino de biologia e o desenvolvimento de habilidades e competências para o século XXI*. Disponível em: https://repositorio.unesp.br/handle/11449/214308. Acesso em: 22 mai. 2022.

SHIRLEY, D.; HARGREAVES, A. *Cinco caminhos para o engajamento:* rumo ao aprendizado e ao sucesso do estudante. Porto Alegre: Penso, 2022.

TOFFLER, A. *A terceira onda*. Rio de Janeiro: Record, 1980.

UNESCO. Diretrizes de políticas da UNESCO para a aprendizagem móvel. 2014. Disponível em: https://unesdoc.unesco.org/ark:/48223/pf0000227770. Acesso em 10 jun. 2022.